橋場日月

戦国武将に学ぶ「必勝マネー術」

講談社+α《プラスアルファ》新書

はじめに

サラリーマン川柳でしばしば使われるキーワードは、「お金」。５００年前の室町時代後期には連歌師・山崎宗鑑が「それにつけても金の欲しさよ」という名文句を考案し、それから２００年たった江戸中期には８代将軍・徳川吉宗の経済ブレーンをつとめる荻生徂徠《おぎゅうそらい》が「当時（今）は金が無くてはどうにもならぬ」と記した。

いやいや、お金に一喜一憂する人間の姿は何もこの３つの時代に限った話ではない。石や貝が貨幣の原型として誕生して以来、人類は常にお金に恋い焦がれ、それを求め続けたと言ってよいのではないか。諸国の猛者・知将・梟雄たちが戦いを繰り広げた戦国時代も、その例外では無い。むしろ戦いの勝敗を決する最大のカギとなるお金を、彼らは命がけで求めた。

室町時代の狂言「靭猿《うつぼざる》」は猿回しを題材にしたものだが、そこで唄われる祝詞《のりと》が「白金《しろがね》黄金《こがね》、御知行《ちぎょう》まさる、めでたきままよ」というもの。知行というのは領地の事で、現代同様、金銀と土地が増える事が人々の夢だった。戦国時代は室町末期に含まれるから、軍資金の確保に頭を痛める彼らもこの祝詞を事あるごとに唱えていたのではないだろうか。

事ほど左様に、お金に対する執着は今も昔も変わりはないから、戦国時代の英傑たちが、お金にどう向き合い、どんな考えをめぐらせたかを知ることは大きな意味を持つし、参考になると思う。

無論、お金の力で生き残った武将たちに対して「金があれば馬鹿も旦那だろ」と諺《ことわざ》で皮肉を言うのも悪くはないだろう。

本書はウェッジ社の月刊誌『Ｗｅｄｇｅ』に連載中の「戦国武将のマネー術」を加筆修正したものだが、国宝級の計算オンチである筆者を見捨てずサポートして下さった担当編集者のＳさん、また他社での新書化を御快諾いただいた編集部長のＵさん、また、引き続きイラスト使用の許可をいただいた井筒啓之先生に厚く御礼申し上げます。

◉目次

はじめに　3

スタディ1　北条早雲、減税施策之事　9
投資を募ってトンズラ。よそ者からジモティーへ　17

スタディ2　織田信長インサイダー之事　23
織田ホールディングスは苛烈な成果主義　29

スタディ3　明智光秀を支えた妻の〝カツラ〟之事　35
延暦寺焼き討ちの裏に秘められた狙い　44
居城のための押し貸し　48
一世一代のバラマキ　54

スタディ4　武田信玄容赦なく課税之事　63
黄金で銅銭を買う　73

スタディ5　上杉謙信流公家との通商交渉之事　77
敵に塩を〝送らざるを得なかった〟理由　84

スタディ6　毛利元就借金を重ねた投資で大企業にのし上がる之事　91
虎の子の石見銀山を〝賄賂〟につかう　98

スタディ7　豊臣秀吉が仕掛けた罠之事　105
信長の仇討ちに臨時ボーナス6ヵ月分　112

スタディ8　独眼竜政宗黄金外交之事　121
米で江戸っ子の胃袋をつかむ　128
スタディ9　凄腕経済官僚・石田三成之事　135
天文学的な被害を防いだ機転　142
朝鮮出兵の最前線に古米を押しつけ　149
スタディ10　前田利家人件費節約で大ピンチ之事　157
豊臣一門の名誉のために集金マシンと化す　164
秀吉死後の大乱に備えて〝金貸し〟に　170
スタディ11　真田昌幸ヘッドハンティング之事　179
敗者の宿命　187
スタディ12　ドケチ徳川家康金貸し之事　193
絶対に儲かる先物取引　200
参考文献一覧　207

スタディ1　北条早雲、減税施策之事

シャープが鴻海《ホンハイ》の傘下に入ってから3年。2年目には業績がV字回復とのニュースが流れた。外国の血を受け入れたことによって経営ベクトルがしっかりと定まり、復活のきざしが見えてきたようだ。この買収劇、日本人は皆驚き、否定的な意見も多く見られたが、実際経営転換によるリストラの痛みやとまどいを経て今に至る社員の方々はどんな思いをお持ちなのだろうか。

さて、戦国時代にも鴻海のようにまるっきり外国のような場所を我が物とし、しかも領民から慕われる政治を実現した大名がいた、といったら読者の皆さまは誰を連想するだろうか。結論から申し上げると、それは北条早雲だ。

戦国時代がいつから始まったか、というと少し前まではこの早雲が伊豆の足利茶々丸を攻撃した時からというのが一般的だった。読者の皆様も日本史の授業などでそんな内容を教わったご記憶がおありだろう。素浪人の身だった早雲が室町幕府の関東公方《くぼう》家のひとつを討ち大名に成り上がったことで、彼は〝下克上〟の代名詞となり戦国時代の幕を開けた、というくだりだ。

ところがこの早雲、最近では室町幕府の将軍のれっきとした近臣で、名門出の人物だったという説が有力になっている。

そのキャリア組の早雲が、幕府の特命を受けて駿河国（現在の静岡県東部）の今川家のお家騒動の解決に挑む。文明8年（1476年）、幕府の下で、関東を治める管領の上杉家──その分家にあたる扇谷《おうぎがやつ》上杉家の重臣・太田道灌《どうかん》らが介入し、今川家庶流の小鹿範満《おじかのりみつ》を当主にしようと動いた。それに対し、早雲は嫡流の今川氏親《うじちか》が成人するまで範満に代行させるという条件で合意に持ち込んだのだ。

その後いったん上方に戻り幕府に勤仕した早雲だったが、氏親が成人しても範満が家督を譲ろうとしないため、長享元年（1487年）、またもや駿河に下って範満を討ち、その功で伊豆国境に近い興国寺城を与えられた。その後明応2年（1493年）に彼が伊豆へ侵攻したことについても、幕府からの指示があったとされている。つまり、下克上どころか中央官僚が地方自治体を乗っ取ってしまったようなものだ。結果的にこれが関東地方を活性化させ、江戸時代を経て現在につながる東京を中心とした繁栄に結びついていく。

では、早雲の身の上についてさらに詳しく見ていこう。北条早雲という名は彼の死後しばらく経ってからそう呼ばれるようになったもので、彼自身は伊勢新九郎長氏、のちに法体《ほったい》となって早雲庵宗瑞《そううんあんそうずい》と名乗った。彼の家は備中国（現在の岡山県西部）に300貫の土地を代々持ち伝えていたが、彼は駿河におもむくにあたって、それを売って旅費にしたという

（『名将言行録』）。300貫の土地とは、年間の収穫を換金した場合300貫文＝現代の価値で年収2000万〜3000万円の価値(注)。それをいくらで売ったか。単純に考えても億単位になる。

ところが、そのころの彼にはおもしろい話があるのだ。

「伊勢新九郎が、備中国の守護代の家来から16貫文の銭を借り、幕府に分一銭《ぶいちせん》を払って徳政にしてもらった」（『政所賦銘引付《まんどころくばりめいひきつけ》』）。

分一銭というのは徳政、つまり借金を帳消しにしてもらうための手数料で、16貫文（1000万〜1500万円ほど）のうち1・6〜3・2貫文（10万〜30万円ほど）という勘定になる。問題はこの返済トラブルが早雲が駿河からいったん上方に戻ったときに起こっていることで、億単位の金を持っていたはずの彼がそこまですっからかんというのは妙なのだ。

つまり『名将言行録』の話は信用できないのだが、ここでもうひとつ興味深い話がある。それは、最初に下向したときに駿河の薩埵《さった》峠で追《お》い剝《は》ぎにあったというものだ（『公方両将記』）。それならば話はわかる。億の金も追い剝ぎに奪われ、駿河での任務を果たして戻って来たはよいが、もはや土地も無い。借金しても返すあても無く、幕府のコネで棒引きにしてもらった、という流れだ。

（注）この時期の米価では銭1貫で2石（1石は1000合、重さは約150キロ）の米を購入でき、これに現在の米価を重さ10キロで3000円として当てはめて計算した。

まぁ、土地を売る話や追い剝ぎの話は単なる伝説でしかないのだが、彼が借金に追われたことだけは事実で、そんなもめ事の直後に駿河へ再下向して氏親に今川家を継がせたというわけだ。もしかすると、早雲は上方に居づらくなって駿河に舞い戻ったのかもしれない。

そんな彼が、興国寺城主となってから6年で伊豆に侵攻するだけの資金を用意するのだから大したものだ。そのからくりは以下の通り。

「城主となった早雲は減税して産業を振興し、金銭を薄利で遠近《おちこち》に貸し付けたが、しばしば拝謁に訪れて来る者の借金は棒引きにしたため、城下はにぎわった」（『名将言行録』）。

減税と低金利融資、それに城への参勤と引き換えの借金棒引きによって、経済を活性化させたのだ。

しかし、それにはやはり資金力の裏付けが要《い》る。早雲には後に「鶴岡八幡宮で自前の関東公方の就任式を挙行するのが夢だ」と語ったという逸話があるが、豊かな金融政策を実施する影のスポンサーとして、命令に服さない関東公方をすげ替えたいと考える幕府があったのだろう。

早雲の伊豆侵攻は、本来幕府が関東を治めさせるために派遣した堀越《ほりごえ》公方家が内紛状態で団結が崩れ、地元の武士たちが山内《やまのうち》上杉と扇谷上杉の戦いに駆り出されて上野国《こうずけ》（現在の群馬県）へ出陣しているという絶好の機会をとらえ、今川氏親らの支援を受けてから攻め込むという省エネ作戦でおこなわれたものだった。

この後も、彼の戦い方はほとんどが敵の拠点を奇襲・急襲するというもので、大軍同士の野戦で勝敗を決したことは無い。相模《さがみ》国（現在の神奈川県の大部分）の大森氏の小田原城攻めでは、兵を鹿狩りの猟師に変装させて敵の油断を誘ったなどという話も残っている。計略を駆使し、最小限の投資で最大の成果をあげる。それこそが早雲の「勝利の方程式」だったと言える。

伊豆に侵攻した後の早雲は、領内で疫病《えきびょう》がはやると500人の兵を各地へ派遣して病人に薬を与え看病させた、と『名将言行録』は伝える。それだけではない。敵対する土豪たちには降伏を呼びかけ「自分に従えば領地は元のまま安堵する」と約束もしている。自分に投資すれば元本保証、というわけだ。

これならよそ者の早雲に支配されることになった人々も、喜んで帰服するはずではないか。ただし、旧態依然とした中世的な支配体制を打ち破って合理化を進めたとしても、それだけの経済的余裕がただちに生まれたとも思えないから、やはり幕府や今川家が資金的にバックアップしていたのだろう。

さらに彼は伊豆平定を完了したあとも切り札を出している。なんと租税の10％引き下げを実行したというのだ。この話は有名で、『北条五代記』のなかでは、彼が「以前の領主たちが重税を課していたから農民たちは疲弊している。今後は五公五民を四公六民にし、その他の税は一銭もとらないようにしよう。この掟に背《そむ》く領主は罷免《ひめん》する」と布告したとされている。

収穫の40％を税として収め、残り60％は農民の取り分にするというのは、１００年後の記録ではあるが伊豆の石高が７万石弱となっているのを参考にすれば単純計算で３５００貫文＝２億５０００万〜３億１５００万円程度の減税措置だ。

この制度はおよそ90年後の５代目・氏直のときにも「四分（40％）の積《つもり》（計算）」で年貢をとった文書が残っているから、北条家では早雲以来代々この四公六民政策を少なくとも一部では続けていたのだろう。

だが、この話、実は裏があった。早雲が伊豆平定を完了した頃の明応7年（１４９８年）8月には、奥州から近畿にかけて大地震が発生。「大海辺（太平洋岸）は皆々津波の後の引き波にさらわれて伊豆浦に流され、ことごとく死んだ」（『妙法寺記』）と、伊豆は壊滅的な被害をこうむっていたのだ。この影響で翌年は大飢饉も発生したから、早雲としては減税を実行しないわけにはいかなかったとも言える。そう考えると、10％引きというのは逆にケチな救済策だと言えないだろうか。

早雲がケチだったというのは彼が遺した教訓「早雲寺殿廿一箇条《そううんじでんにじゅういっかじょう》」にも表れていて、「刀や衣装を華美にするな、見苦しくない程度でよい」と浪費を戒めている。また彼の息子の氏綱も「父は倹約家だった」と証言しているし、越前の名将として知られる朝倉宗滴《そうてき》も「早雲は針をも蔵に積んでいるだろうほどの蓄えぶり」と評している。

晩年の早雲は「家臣にうかつに知行地を与えず、蔵米にしろと言った」と伝わる（『名将言行録』）が、これは俸給（サラリー）で家臣を雇い、土地の税などすべて北条家が独占管理せよというものだ。土地を直接支配すれば、中間層による搾取《さくしゅ》がなくなって農民の負担は軽くなり、北条家の懐も潤う。

こうして財力を高めた北条家は、早雲の死後も大いに発展していく。関東に覇をとなえ、五代にわたって繁栄した北条氏。初代・早雲の起業のウラ事情は以上の通りだが、お次は彼とその子・氏綱がいかに〝うまいことやったか〟についてを考察しよう。

早雲は、長享元年（１４８７年）、ふたたび駿河に下り、今川氏親に家督を継がせて相模伊豆との国境に近い興国寺城をもらうと、明応2年（１４９３年）、伊豆に侵攻。堀越公方・足利氏の茶々丸を追放して韮山《にらやま》を本拠とした。実は、興国寺城主となった早雲はその後もう一度、幕府の奉公衆として京に戻っている。これは、将軍の直属軍の一員だったことを意味する。早雲は今川家の重臣として興国寺城を領する一方で将軍の戦闘部隊にも属していたのだ。

投資を募ってトンズラ。よそ者からジモティーへ

こう見てくると、ボンヤリとひとつの筋書きが見えてくる。幕府は言う事を聞かない関東公方と関東管領をなんとか押さえて関東を直接影響下に置き、幕府の権威を立て直そうと長年画策していた。そこで早雲はその意を受けてまず駿河に出張し、大いに身銭を切って味方を増やした。

金銭をばらまき過ぎて無一文でいったん帰京した彼は、借金のトラブルもあってまた駿河に出向き、自分の甥で親幕派の氏親を今川家当主に据え、東への最前線基地となる興国寺城を手に入れる。そのうえでまた京に戻り、将軍の側で関東の混乱した状況をアピールしつつ、「低リスク！　伊豆侵攻からはじまる関東平定プロジェクトへの投資プラン」をぶちあげてその有望性を強調し、資金を募ったのではないだろうか。

幕府やその要職にある者たちは親幕派の氏親が東海筋の抗争を早く終結させることで通行

の自由を確保し、安定的な収入（関税、通行税、取引税）を得ることを期待したのだろう。早雲は資金を集めて今川家に舞い戻ると、氏親からも資金と兵の援助をもらい、伊豆に侵攻した。そう、早雲は偉大なるプランナーにして、ファンド運営の先駆けだったのだ。

その後のことである。早雲は大森氏のものだった小田原城を手に入れるのだが、その方法を少し見てみよう。ちなみに、この戦いがあったのは明応4年（1495年）と言われてきたが、最近の研究によりそれより数年後のこととされるようになった。

『北条記』によれば、早雲はあらかじめ小田原城主である大森氏の当主・藤頼と仲良くしておき「鹿狩りのため勢子《せこ》をそちらの領地に入れさせていただけないでしょうか。獲物を追い出したいのです」と申し入れると、勢子に扮《ふん》した勇敢な若者数百人と犬引《いぬひき》（猟犬使い）に扮した手だれ数百人に、小田原城を夜襲させたという。油断しきっていた藤頼らは慌てて逃走し、城はあっけなく落ちた。小田原はわずか1000人前後の兵によって一夜にして早雲の手に入ったのだ。

この費用対効果を考えてみよう。のちに小田原が北条家の本拠となった時、周辺に領地を持つ「小田原衆」の貫高（領地からの税収）は合計9200貫あまり。さらに当主の側近である「御馬廻衆《おうまわりしゅう》」も領地を頂戴しており、こちらは8600貫弱。あわせて1万7800

貫となり、年間収入は現在の金額でおおよそ8億円以上。石高に直すと3万5600石だが、これはあくまで家臣に分け与えた土地の話。これに北条家自体の直轄領が加わるわけだから、のちに北条氏と死闘をくりひろげる安房《あわ》国（現在の千葉県南部）の里見氏の所領（約4万5000石）とほぼ等しいだろう。

これに対し、1000人の兵を1日だけ働かせる費用は、当時3日分の兵糧は自己負担が原則だから、限りなくタダに近い。『北条記』が描いたように本当に計略でタダ盗りしてしまったとすれば、これ以上効率的な話は無かったわけだ。出資をかき集め、できるだけ経費を抑えて最大の成果を生む。出資者にとってはこれほど安心できるファンド運用者は他にいないではないか。

ところがこの大人気ファンドマネージャー、腹に一物もっていた。伊豆に攻め込んだちょうどその頃、早雲は出家して伊勢宗瑞と名乗りを変えている。これが実は重要な意味を含んでいるのだ。

出家とは簡単にいえば僧になることで、本来家族や仕事の一切を捨てて仏に奉仕する生活に入ることとなのだが、早雲にせよ武田信玄にせよ上杉謙信にせよ、そのまま大名としての活動を継続した。要は、世俗の慣習などに縛られずより自由に行動するための「方便」なのだ

(信仰心がまるっきり無かったわけではない。彼らは皆熱心な仏教信者だった)。

その証拠に、出家から10年も経った永正元年(1504年)になっても、彼は戦に出て、「武蔵国出陣に際し祈禱を依頼していたところ、両国が簡単に従えられたので、黄金20両と銭30疋《ひき》を納める」などと言って寺に寄付をしている(「高台院宛早雲寄進状」)。現在の価値で500万~6000万円程度だが、関東平野征服という〝世俗〟の野望丸出しだ。

ファンドを企画し、出資を募り、いざプラン実行、というタイミングでの出家。それが意味するところは、まさに〝世俗〟にあったときの約束の破棄。要は持ち逃げ、ということになる。早雲は、ファンド出資者たちへの利益の分配を「しらばっくれる」下準備を開始したのだ。

だがしかし、そうは言っても簡単に出資者側があきらめるはずも無い。早雲の方でもバツが悪かったのだろう。明応7年(1498年)に足利茶々丸を自決に追い込み伊豆の支配を完了させたあと、彼は精力的に兵を出して東へ勢力を拡大していくかたわら、幕府や今川家に協力して甲斐や遠江・三河でも戦い続けている。投資に対するリターンを分配し続けているわけだが、これではいかにも効率が悪い。

なにしろ、永正5年(1508年)の三河での戦いでは10月19日に攻め入って論功行賞をおこなったのがひと月弱後。ということは、伊豆を出陣してから戻ってくるまでひと月はかかっている計算になる。兵の数にもよるが、仮に1000人を率いて行ったとすれば兵糧だけで米1万6200升、味噌540升、塩270升（『雑兵物語』による）。これに手当金もつけて、総費用は1億円以上。これが何度も続けば北条家の財政に重大な影響を及ぼすことになる。

そこで早雲は、出家に続く「持ち逃げ」計画第2弾、第3弾を立て続けに発動した。まずは息子の氏綱を結婚させるのだが、その相手、横井氏の娘こそがこの企みのキモだった。彼女の実家、横井家はかつて鎌倉幕府の執権として歴史に名を残した北条氏の末裔だったというのだ。

彼女は永正12年（1515年）、氏綱との間に後に三代目を継ぐ氏康を産んでいる。そして、早雲は永正15年（1518年）には隠居して氏綱に家督を譲る。これで代替わりが完了したのだが、ファンドの利益の分配義務が消え去るわけではない。翌年には早雲が死去するが、親の負債も相続財産なのだ。

ここで活きてくるのが、横井北条氏との婚姻である。氏綱は大永3年（1523年）、妻の実家の血流である北条氏を名乗ることを朝廷に申請し、公認を受けた。むろん、関東の平定のために地元民に馴染みの深い北条姓が有効という理由もあったのだが、それと同時に北条の名字に変えることによって、それまでのしがらみ、負債をすべて清算しようとしたのだろう。

こうしてかつての幕臣・今川家臣としての伊勢氏は消え、関東平定はファンドの事業ではなく北条氏の専権プロジェクトに生まれ変わったのだ。話が脱線するが、のちに四代目の氏政、五代目の氏直が豊臣秀吉の上洛命令を拒否してついには討伐を受け、滅んだのは、このときの強引な負債清算の引け目が北条氏のＤＮＡの中に強く残っており、早雲が投資を募った人々の子孫たちから責められるのを恐れたからではないかとも思うのだが、どんなものだろう。

ともあれ、早雲から事業を引き継いだ氏綱は自分が住んでいた小田原城に本拠を移し「交易売買の利潤は、京の四条・五条より多かった」（『北条記』）というほど小田原城下の商売をさかんにした。京から陳外郎《ちんういろう》という人物が小田原に来て透頂香《とうちんこう》という秘薬を作りはじめたのもこの頃で、蒸し菓子の「ういろう」はこの外郎家の透頂香の口直しとして添えられたものという説もある。よそ者からジモティーへ華麗に変身した北条氏は、ファンドの呪縛から逃れてフリーハンドとなり、戦国時代末期まで発展を続けていくのだ。

スタディ2　織田信長インサイダー之事

ダイナミックな経済政策で日本の歴史を変えた男、織田信長にスポットを当てよう。

永禄11年（1568年）、信長は岐阜城を出陣し、京に攻め上った。大軍を率いて途中南近江《おうみ》（現在の滋賀県南部）の大名・六角承禎《じょうてい》を粉砕し、京・大坂を押さえていた三好党を追い払って足利義昭を室町幕府15代将軍の座に就けた彼は、およそ50日ぶりに岐阜へ凱旋している。

ここでよく「信長の先見性」として挙げられるのが、堺・大津・草津の3ヵ所に代官を置いた事。堺は言わずと知れた海外貿易と国内交易の一大拠点、大津は北陸と京を結ぶ琵琶湖の舟運の湊、草津は東海道と東山道（後の中山道を含む古代からの幹線道路）が交わる陸運の要衝だった。

〝商業に熱心な信長がこの3ヵ所にめざとく目を付け直轄化したのはすばらしい、さすがは天才だ〟としばしば評されるところだが、いくら義昭が世間知らずの坊ちゃん育ちでも、彼とその側近が3ヵ所の商業拠点の価値に気づかないとも思えない。信長は彼らの消極的な抵抗を強引に押し切ったとも考えられる。

というのは、信長はこのとき法隆寺から1000貫、石山本願寺からは5000貫をまきあげている。摂津国尼崎（現在の兵庫県尼崎市）にも課金し、拒否されて町を焼き討ちした。実に無理矢理、実に暴力的。

そして堺にも「矢銭《やせん》」（軍用金）という名目で2万貫を課した。堺がこの課金に応じるのは3ヵ月後の事だが、この集金額にはどれほどの価値があったのだろうか？

1貫は銭1000文にあたる。この年の直近の12月の奈良の米価が記録に残っているので見てみると、1石が500文。という事は、1貫は2石という計算になる。1石は150キログラムだから、1貫あれば300キログラムの米を購入できる。つまり、信長が調達した計2万6000貫で、7800トンもの米を調達できたことになる。


ここで話を最初に戻して、信長の上洛戦を見てみると、信長が率いた軍勢はおよそ6万人。彼らは50日間遠征に参加したわけだが、当時の合戦では最初の3日分の兵糧は自己負担、という原則がある。つまり信長は47日分の食糧、またはそれを兵たちがそれぞれあがなう事のできるお金を用意しなければならなかった。

『雑兵物語』という江戸時代前期成立の兵法書には兵糧米は1人につき1日6合とある。よって6万の軍勢は47日間で合計1700万合＝2550トンを消費する計算となり、さきほどの米価にあてはめると調達には8500貫が必要となる。米だけではなく、塩・味噌・副食物、攻め落とした城の補修費、槍や刀・鉄砲などの装備の損失分補填にもお金はかかる。

しかも、信長が支払わなければならなかったのは、それだけではなかった。

義昭の宿所となった本圀寺《ほんこくじ》の防御を固めるために外まわりをぐるりと土塁で囲う工事もしなければならなかったし、堺が抵抗をあきらめて2万貫を献金した永禄12年（1569年）2月には、義昭のために二条第（旧二条城。現在の京都市上京区の平安女学院のあたり）の造営も開始している。こちらは1万5000〜2万5000人という数の作業員を動員して3ヵ月ほどで完成させた。

連日朝から夜まで肉体労働に従事する作業員には、兵よりも多い1日8合の米が支給される。3ヵ月で2376トン程度、さきほどの米価をあてはめると調達するには7920貫が必要だと算出できる。当然、こちらにも味噌塩副食物、それに賃金を足さなければならない。

以上あれこれ合計してみると、上洛戦と旧二条城修築、皇居の塀の修繕費用でざっと2万貫以上の資金が必要だったと推測できる。

面白い事にこの金額、信長が強制的に徴収してまわった額と妙に符合するではないか。そう、信長は支出分をまるまる集金で回収しようとしたのだ。美濃国（現在の岐阜県南部）を併合した翌年に上洛戦を敢行した信長だから、その金蔵にはまだ充分な蓄えができていたとも思えない。

ところで、読者の皆さまは〝びた一文〟という慣用句をご存じだろう。これは鐚銭《びたせん》といってすり減ったり欠けたりした粗悪な銭のことをいう。信長は上洛後に正親町《おおぎまち》天皇の子・誠仁《さねひと》親王の元服（成人式）費用として３００貫の銭を献上するのだが、これが「一向悪物《びたもの》」、つまり全部鐚銭で、額面では３００貫でもその兌換価値は数分の一しかない、という代物だったのだ。

いかに信長の懐具合が逼迫《ひっぱく》していたか。強引な集金も、堺・大津・草津への代官送り込みも、すべて資金繰りのショート寸前に陥っていた信長が背に腹代えられずにとった手段だったといえる。

こうして上洛にともなう痛い出費を辛うじて乗り切った信長は、永禄12年3月16日、京に条例を発する。７ヵ条ある条文は銭の使用に関するものだが、第1条の付則にこう記されていた。

「金10両は銭15貫、銀10両は銭２貫とする」。

彼は金銀と銭の交換レートを定めたのだ。金1両＝銀7・5両＝銭1・5貫という比率になる。

これによって高額の取引を円滑にし、商業活動を活発化させようという狙いがあったとされている政策だが、果たして信長の意図はそこだけだったか、と言われるとこれもなかなか一面的な話ではなさそうだ。

というのも、信長はこの5ヵ月後の8月1日、但馬国（現在の兵庫県北部）へ2万人の兵を攻め込ませ、生野銀山を支配下に置いているからだ。当然、金銀と銭の交換レートを定めた時点で信長のタイムテーブルには但馬侵攻があっただろうから、彼の頭のなかでこのふたつは連動していたに違いない。

そこで、この交換レート設定前の相場を見てみよう。永禄11年8月、京では銭3貫に対し銀子《ぎんす》2枚（これは銀20両にあたる）。金1両＝銀10両＝銭1・5貫となり、信長のレートに比べると、〝金高銀安銭高〟だったのがお分かりいただけるだろう。

なぜ信長は銀だけを高く設定したのだろう？

生野銀山の支配を見越して銀を高く設定しておき、銀山から産出される銀を市場に出せば、信長の懐にはなんと33％も余分な利益が入ってくるではないか。これこそが信長の目論見だったのだ！　まさに為替介入、そのうえインサイダー取引の走り。銀山支配・市場管理の当事者みずからが実行すれば、うまくいかないわけがない！

ところがこれがそううまくはいかなかった。生野銀山の運営に関わる但馬国の領主たちがサボタージュし、採掘された銀を信長にほとんど納めなかったのだ。

「今も滞納しているのはけしからぬ。必ずや速やかに糾明してくれるわ」

信長は書状でこう叱責しているが、こめかみに筋を浮かせて怒る姿が想像できるようだ。ちなみに、但馬の領主たちは毛利氏に通じるなどして逆らい続け、信長が生野銀山を完全に支配したのは数年後のことだった。

資金が無くとも上洛してその名を全国に知らしめた織田信長。彼の手法は、ベンチャー企業を設立して何とか上場せんとする経営者たちにも重なる。ただ、無理な資金調達はいずれ限界がくる。なんとも難しいものである。

織田ホールディングスは苛烈な成果主義

永禄11年（1568年）に上洛した織田信長が商業都市や寺社への課金、それに市場操作とインサイダー取引で軍資金を調達しようとした疑惑は、信長の経済感覚の鋭さを証明している。その必死のやりくりのおかげで織田軍団は北近江（現在の滋賀県北部）の浅井長政、越前（現在の福井県北部）の朝倉義景など各地の敵を次々と破り、「天下布武《てんかふぶ》」の道を突き進んでいく。

その過程で、信長の重臣たちは各方面の軍勢の指揮の権利を与えられた。柴田勝家が北陸方面司令官、滝川一益が関東方面司令官、羽柴秀吉（のちの豊臣秀吉）が中国方面司令官、明智光秀が近畿方面司令官といった具合だ。それぞれ越後の上杉景勝、関東の北条氏政・氏直父子、中国地方の毛利輝元といった戦国大名の面々を攻略するための人事だった。たとえば柴田勝家は天正3年（1575年）に越前国12郡のうち8郡を与えられたが、信長から下げ渡された掟書きがふるっている。

「軍備を怠るな。寵童（男色）・猿楽・遊興・芸の見物・鷹狩りは禁ずる。何事も信長の命令に従い、信長を崇敬し、あだやおろそかに思うなかれ」。

レクリエーションは一切排除して対上杉戦に集中しろと指導し、その理論的背景として信長の絶対的存在を前面に押し出す。ナチスや狂信的宗教団体も真っ青の〝指導者原理〟〝ドグマ〟〝ドクトリン〟だ。

しかし、人間は〝原理〟だけでは動けない。だから信長も同じ掟書きのなかで「加増できる土地が無ければみな戦功を挙げても無駄だと思って武勇も忠義も発揮しないものだ。与えてやれるだけの土地をしっかり確保しておけ」と指示している。人間の欲は最人にして根本的な原理。それをちゃんとフォローして報酬をおろそかにするなと言うあたり、さすがは信長。ドグマだけでは人間は動かないのだ。

織田家をホールディングス制の大企業とすると、その各方面司令官たちは各子会社の社長にたとえる事ができるだろう。〝ODAホールディングス〟では、信長の掟さえ遵守していれば、各子会社の経営は各人の裁量に任されていた。この点は現代の会社が大規模化して新情勢や新技術に迅速な対応ができにくくなって来た際に、中小のベンチャー企業を買収したり自分でベンチャー子会社を立ち上げるのと同じだ。

前置きが長くなったが、ここでODAホールディングスのベンチャー子会社社長たちのマネー事情を紹介していこう。

まず1番手は、冒頭紹介の柴田勝家。越前8郡の支配者となった勝家は、周囲に北陸街道や足羽川《あすわがわ》がある水陸の要衝・北ノ庄（現在の福井県福井市）を本拠と定めた。彼は前支配者だった朝倉氏の本拠、一乗谷《いちじょうがたに》から町自体を移したほか、各地から商人を呼び集めた。そのため北ノ庄はたちまち繁栄し、宣教師フロイスが「当市は安土（信長の本拠）の2倍ある」と記録したほどの規模に発展した。

それでも満足しない勝家は、宣教師に貿易船の北ノ庄寄港の協力をさせようとしている。彼はそのために150貫〜200貫の銭を初期費用として貸与しようとまで申し入れた。1500万円前後の金など、その後の貿易で得られる利益を考えれば安いものだ。勝家は天正11年（1583年）賤ヶ岳の戦いで秀吉に敗れ死んでしまうが、都市デベロッパーとしての彼がもっと長生きしていれば、北ノ庄はひょっとすると日本海側一の大都会となっていたかも知れない。

次に明智光秀社長の経営を紹介しよう。彼は本能寺の変を起こした事で低評価だが、信長に「天下に面目をほどこした」と激賞された営業成績ナンバーワンの功臣だった。光秀はのちに高年収を得る立場になっても、基本的にはケチだったらしい。丹波（現在の兵庫県・大阪府・京都府の一部）を平定して亀山城（現在の亀岡市）を築く際、地元の豪族から徴発した110人の作業員に20日分の食料として米13・7石を支給した記録が残っているのだ。1日1人あたり6合強。以前に書いたが、作業員の支給米は1日8合が相場だから、かなり少ない。倹約を徹底して必要な時に資金を投入する、それこそが光秀のベンチャービジネスの必勝法だったのだろう。

最後に、柴田勝家に次ぐ譜代重臣・佐久間信盛の場合を見てみよう。といっても、彼の場合はベンチャー子会社経営の失敗例である。天正８年（１５８０年）、対石山本願寺担当司令官だった信盛は本願寺降伏の直後「戦功もあげず、家来に所領を分け与える事もしなかった」と信長にクビにされている。

冒頭のベンチャー子会社社長としての掟書きに逆らった信盛は、高野山に追放されてある宿坊に金９枚と小判８両他（計２０００万円程度）を預け、生活費と万一の際の供養料にしてくれと依頼したが、彼が自由にできる金は最後にはそれぐらいしか無かったのだ。

失敗すれば一気に奈落の底へ。ＯＤＡホールディングスは成果を出さなければ放逐される厳しい会社だった。

スタディ3　明智光秀を支えた妻の〝カツラ〟之事

２０２０年大河ドラマの主人公に決定したことで、今あらためて注目を浴びている戦国武将、明智光秀。本能寺の変で主君・織田信長を攻め殺し、歴史を大きく転換させた人物ではあるけれど、その前半生は不透明で、詳しいことはまるで分からない。

本人及び同時代の人の証言ということで、ある程度信用できるのは、彼が美濃国（現在の岐阜県南部）の守護だった土岐氏の一族の「随分衆《ずいぶんしゅう》」（相当な身分）の出身で、足利尊氏から領地を与えられていたものの戦乱の中で先祖がそれを失ってしまい、光秀の代には「瓦礫《がれき》沈淪《ちんりん》」（石ころのように底辺に沈んだ）生活を送るようになっていた、というだけ。

まぁ底辺といってもそのレベルはピンからキリまであるのであって、赤貧ということではなくある程度の収入もあるそれなりの武士だったのではないだろうか。その辺を考察すると長くなるうえ本題から外れてしまうので割愛するとして、そのほかは伝承レベルの話しか残っていない。

ところがその中に、「瓦礫沈淪」という言葉がピッタリくる涙物のエピソードがある。伝承だからと切り捨てるのはあまりにももったいないので、そのあたりから始めていこう。

彼が一時期、越前国（現在の福井県北部）にいたという経歴はよく知られている。国主・

朝倉義景のもとに身を寄せていたかどうかは定かではないが、行き来するか暮らすかはしていたようだ。

逸話によれば、はかばかしく身を立てることができない光秀は越前での生活に見切りをつけ、国境を越えて美濃の柳ヶ瀬に移った。それからしばらく経ったある日、付近の人々を呼んで宴会をするからと、もてなしの支度をするよう妻に申し付ける。光秀の奥方は妻木氏から嫁いだ熙子《ひろこ》という女性だったというが、夫の言葉に彼女は途方に暮れた。

「自分たちの食べ物も無いほど貧乏なのに、どうしたものか」

この頃の光秀は収入もなく住処《すみか》も旧臣の世話になり、その日の食い扶持《ぶち》にも困るありさまだったのだ。考えあぐねた末、熙子はついに自分の髪を売ってしまうのだが、果たして彼女の髪の毛はいくらになったのだろうか？

正解は、「銀二十目」である。

〝目〟というのは〝匁《もんめ》〟を意味し、二十目は75グラムの重さを表す。75グラムの銀で当時は1・2石の米が買えたから、現代の相場に置き換えると5万4000円程度という計算になる。髪の毛の代金としてこれが高いのか安いのかについて考察してみよう。

髪の毛を何に用いるのかというと、これはカツラ。平安朝の昔から、髪のお悩みを持つ高貴な女性は「かもじ」と呼ばれるカツラを用いていた。そういう需要はいつの時代もあって、現代でも女性用の人毛ウイッグは数万円〜十数万円で用意されているようだ。でも、これはあくまで完成品としての売価であって、原材料費ではない。

太平洋戦争中は「戦争当時暴騰し、人毛1貫目80円」という記録がある。3・75キロの髪の毛が80円になったわけだ。

当時の80円は現代でいうと7万3000円弱ぐらいで、女性が30センチ髪の毛を切った場合の重さが100グラムほど。1貫目の髪を確保するには37・5人の女性が必要で、ひとり当たり2000円足らずにしかならない。戦後すぐはさらに安く、20円台（現代の価値でひとり当たり500円）に過ぎなかった。

それを考えると、熙子の髪の毛が本当に銀20目で売れたのなら相当高価だったといえる。もっとも、当時は床屋や女髪結いなどという稼業も無く、女性の抜け髪（江戸時代はこれを集めるために「落ちゃあ無いかぁ」と呼ばわってまわる零細行商人もいた）でカツラが作れる量を確保するのは大変な労力を必要としたから、買い取り価格が高いのも当然だろう。

ともあれ、熙子は銀20目を確保した。当時の一般的な宴会というのは「汁事《しるごと》」「汁講《しるこう》」などと呼ばれ、ゲストがそれぞれ飯を持ち込み、招待したホストは汁を用意するだけという習わしだったから、宴会費が5万4000円あれば、汁の具を少し奮発したうえに酒も都合して来たとしても、そそこの人数を集めて盛り上がれたはずだ。

ところが、夫の光秀は髪を切った妻を見て激怒した。何せ、髪の短い女性といえば子供か落飾した未亡人ぐらいしかいない時代だから、「わしに恥をかかせるのか！」と頭に血が昇るのも無理はない。そこで、この様子を見かねた下働きの女が間に入り、光秀に事情を話すと、彼はたちまち後悔し煕子に詫《わ》びて「すまぬ、もし私が天下をとっても、側室は持たずにお前だけを妻として大事にするぞ。必ずお前を輿《こし》に乗るような高貴な身分にしてみせる」と感謝したという（『一話一言』）。

江戸時代前期に松尾芭蕉がこの逸話をモチーフに「月さびよ明智が妻のはなしせむ」と詠んだのは有名で、夫婦の愛情がそれだけ印象深かったのだ。

史実では光秀の正室は天正4年（1576年）11月7日に亡くなってしまうのだけれど、彼はそれまで本当に側室を持たなかったという。のち羽柴（豊臣）秀吉に敗れて死んだ際に彼の妻も近江坂本城で死んだと『川角太閤記《かわすみたいこうき》』などに書かれているが、それが本当なら煕子の死後に迎えた後室（後妻）なのだろう。

さて、煕子の髪で宴会を開いてから後、光秀は機会を得て織田信長に仕えるわけだが、史実の彼は足利義昭を信長に結びつける仲立ちの使いっ走り的な立場から信長の知遇を得ていった。ところが、伝承における彼のやり方は何ともおもしろい。柳ヶ瀬で「ここで日を過ごすだけでは牢人の境涯から抜け出せぬ」と考えた光秀。なにしろ、最愛の妻を輿に乗せるために頑張らねばならない。

そこで彼は、桶狭間の戦いで今川義元を討ち取って以来メキメキ頭角を現し、ついには美濃をも併合した織田信長に目をつけた。そして、尾張清洲まで（史実の信長は岐阜城に移っているのだが）の路銀を都合するため、古鉄買いを呼びつける。壊れたヤカンや五徳などを買い取った商人は、「ところで、これは果たして質の良いものでしょうか」と金の大判を取り出して光秀に鑑定を頼んだ。

するとそれを見た光秀、「こんなニセ金を持ち歩くとは、死罪になりたいのか」と大いに叱りつけたではないか。驚いた古鉄買い、あわてて大判をギリギリとねじ曲げてドブの中に放り捨てると、そそくさと退散してしまった。光秀はそのあとゆっくりと捨てられた大判を拾い、まっすぐに伸ばしてピカピカに磨き、懐に入れたという。そう、大判は本物だったのだ。

大判といえば1枚で100万円以上の値打ちがある。後に「仏の嘘は方便、武士の嘘は武略という」とうそぶいてみせた彼の事、策士としての面目躍如といったところではないか。彼はその半分を旅費に回し、残り半分は柳ヶ瀬で留守番する妻のために残していったという。

おかげで首尾よく信長に仕えることができた光秀は、まず５００貫文の知行を与えられた。１０００石、旗本クラスの中の下といったところだが、実はそれ以前に朝倉義景に仕えていたとする伝承でも、彼はそこで５００貫文を与えられていたとされている（『細川家記』）。

散々苦労したあげく元の収入と同じではないか、と思うなかれ。光秀は、この５００貫文が将来何十倍何百倍になるか、それとも倒産（御家滅亡）でゼロになるか、明晰《めいせき》な頭脳で計算し尽くして転職したと考えておきたい。

永禄11年（１５６８年）、越前大野で義昭を出迎え、岐阜の織田信長のもとへ供をした光秀は信長の上洛軍に加わり、信長が京を制圧して義昭を室町幕府15代将軍に据えると、京の諸政を扱う奉行の一人に任じられた。ところが、翌永禄12年（１５６９年）の年明け早々、信長が岐阜城に戻り留守にしていた京を、敵の三好党が襲い、六条堀川にあった本圀寺《ほんこくじ》（現在は移転して山科）を仮の御所としていた義昭に攻めかかってくる。光秀は義昭を守って寺に籠《こ》もり、防戦につとめた。

細川家の史料では彼は「大筒《おおづつ》の妙術」を持っていたとある。これは大砲ではなく大鉄砲のことで、『明智軍記』もこのとき光秀が敵の武将を櫓《やぐら》から鉄砲で仕留めたと記している。当時の鉄砲の値段は60万円あまり（これが大坂夏の陣の頃になると量産効果で1挺《ちょう》銀20目、つまり煕子の髪の値段と同じにまで下がる）。光秀はこの手柄で一躍6倍の３０００貫文に昇給したという。

新兵器・鉄砲の費用対効果を見極め、その運用にも長じていた光秀。たぐいまれなるコスト感覚と戦術眼が、彼を一躍戦国時代の第一線に押し上げていくのだ。

本圀寺の変で足利義昭を護衛し、奮戦した明智光秀。このころ、光秀は義昭の家臣と織田家の家臣という二足のわらじを履いており、義昭から領地として山城国下久世庄を与えられるのだが、これが後々大きな問題を生む。

下久世庄（現在の京都市南区の一部）には、光秀の時代には足利尊氏が寄進して以来の東寺の土地があった。この東寺の禅我という者が、光秀が寺領を押妨《おうぼう》（他者の領地を侵したり、不当に税を取ること）している、と室町幕府に訴えたのだ。「光秀は下久世庄の一職《いっしき》を義昭さまからいただいたと言って、年貢などの諸税を当寺に回してくれません。それどころか今度の放生会《ほうじょうえ》の費用の課金も集めさせてくれないのです！　こんなことでは放生会はできないではないですか」（「東寺百合文書《ひゃくごうもんじょ》」）。

　一職（一職支配）とは複数の者たちが同じ土地や住民に対する権益を持つ入り組んだ状況の中で、一段上位に立って支配する権利をいう。その一職を与えられた光秀はいろいろと協力させる代わりに、収入を各権利者に相応に分配してやらなければならない。光秀はそれをしなかった。いわば、既得権益に切り込んだわけだ。

　ところで、禅我が大声でアピールした放生会の費用とはなんだろう。放生会自体は捕まえた魚、鳥、亀などを放して功徳《くどく》を積もうという宗教行事だが、調べてみると、儀式で神に馬を捧げる風習があり、それが光秀の頃には神馬代としてお金を寄進する形になっていたようだ。

　同じころに関東の北条氏政が鶴岡八幡宮に「御神馬銭三貫文」を奉納した記録がある（「鶴岡神主家伝文書」）。3貫文は25万円前後。後になると「黄金十両」（100万円以上）などという例も見えるから、この神馬代もピンキリだったのだろう。いずれにしてもなかなか馬鹿にできない金額だ。この神馬代をはじめとするさまざまな収入をみすみすあきらめるなんて、とてもできない相談なのである。

光秀としてはそんな権益の入り乱れた状態を整理し、近世的な一元支配体制を取りたかったのだろう。のちに豊臣秀吉が「太閤《たいこう》検地」でおこなう中間搾取《さくしゅ》の排除の先取りだ。

まぁ、ただ単に取れるだけ取って出世の資金にしたかっただけかもしれないのだが。

延暦寺焼き討ちの裏に秘められた狙い

こうした抵抗を寄せ付けず軍資金を確保した光秀は、元亀元年（1570年）に越前国へ出陣する。信長による朝倉義景攻めだ。そこで浅井長政の裏切りにあった信長は、急遽兵を引き揚げる（金ケ崎の退《の》き口）のだが、そこで殿《しんがり》をつとめたのが、木下（豊臣）秀吉と光秀らだった。

〝殿〟というのは、撤退する軍勢の最後尾に位置して味方を逃がすために敵軍を押さえる役割のことで、勢いに乗って攻めかかるよりも難しい。2万3000人という朝倉の追っ手を数千の兵で食い止めなければならないのだから、大変だ。だが、光秀たちは見事に信長を京へ逃がしたばかりか、自分たちも無事生還を果たしたのだ。

このハードなミッションが成功した理由は、ふたつある。

ひとつは、彼の指揮下に大量の鉄砲隊が付けられたこと。『当代記』などによれば、退却する織田軍の諸隊から30、40人と優秀な弓衆・鉄砲衆が残されて５００人ほどの遠距離攻撃部隊を組んだようだ。その威力で朝倉軍の勢いを削《そ》ぐことができたのだろう。先に光秀は鉄砲の名手だったと紹介したが、そのスキルですぐれた部下たちを指揮すれば、相乗効果ですさまじい効果を発揮しただろう。

そしてもうひとつは、なんといっても彼自身が確保した軍資金で十分に兵や装備を揃えていたからだった。

これで光秀は信長から絶大な信頼をかちとった。明くる元亀2年（１５７１年）、彼は織田家のベテラン家臣・森可成《よしなり》の討ち死ににによって主が不在となった近江の宇佐山城（志賀城）を預けられる。その一方で、将軍・義昭との関係は微妙になっていった。

なにしろ、自分が与えた下久世庄の税金を独り占めにして信長のために働き、その功を賞されて宇佐山城主となったのだから、東寺の僧から訴訟まで持ち込まれている義昭としては面白くない。「なんだあいつは。どっちの家来だ！」という感じである。信長の手前、表だって責められないものの、その態度は冷淡になっていった。

光秀は義昭の不機嫌をよそに、いよいよやり手ぶりを示し始めた。この年のハイライトは、なんと言っても9月の比叡山延暦寺《ひえいざんえんりゃくじ》攻めだろう。光秀もこの戦いに参加した。朝倉・

浅井と結託して織田家に逆らう比叡山を焼き討ちしようというのだ。

一般的に、古典的教養に富んだ彼は信長に対し延暦寺の歴史的価値や名僧知識の存在を説いて攻撃を中止するよう必死に諫《いさ》めたと伝えられてきた。だが、実際の彼は焼き討ち以前から関係者に「仰木《おおぎ》の事は是非とも撫《な》で切りに仕《つかまつ》るべく候」と書き送っている。

仰木というのは延暦寺に味方する土豪で、彼はそれを〝撫で切り〟＝皆殺しにせよ、と命じたのだ。この年の正月早々「今年は山門（比叡山）を亡ぼそうと思う」と細川藤孝（幽斎）に抱負を語っていたという話もあり（『綿考輯録』）、実際の光秀は引き止め役どころか強硬派の最先鋒だった。

そして首尾良く比叡山を討つと、彼はまんまと滋賀郡全域を領地として与えられた。するると光秀、何と領内の諸寺院の領地を「そこは延暦寺の領地だったところだ」として次々と没収しはじめたではないか。1年前の下久世庄での「押妨」を、滋賀郡でさらに大々的なスケールにして実行したのだ。

土地の権利関係が複雑に入り組んでいるのを逆手にとって、「延暦寺に少しでも関係があればすべて取り上げるのが、信長様から与えられた自分の役目だ」というのが彼の大義名分だが、実際には最初からこれを狙って比叡山攻めを主導したのだろう。

こうして延暦寺領は光秀のものとなっていった。イエズス会宣教師のルイス・フロイスは、「比叡山の大学の全収入をも与えた。この収入は他の一国の半《なかば》に超えた」と記録している（1582年の「イエズス会日本年報追加」）。当寺の大寺院は現代の大学に相当する高等教育機関であり研究機関であったから比叡山延暦寺を大学と呼んでいるのだが、その収入が彼の領地となっていた他の1ヵ国の2分の1以上あった、という意味だ。他の1ヵ国というのを、後に彼が与えられる丹波国だとすると、その石高はおおよそ26万石あまり（1598年時点）だから、延暦寺領は13万石ほどの収入があったことになる。そのうえに滋賀郡全体で延暦寺とは無関係の土地もあるワケだから、100億円近い収入が光秀の懐に入ってくるようになったのではないだろうか。彼の狙いは、まさに図に当たったのだ。

ところが、ここで割を食うのがまた義昭である。延暦寺攻めで迷信深い京の朝廷・公家たちをなだめなければならない上、光秀が治める土地の関係者から次々と訴訟が持ち込まれてくる。板挟《いたばさ》みになった義昭、ついに光秀に対し「いい加減にしろ！」と怒りを爆発させた。

すると光秀、待ってましたとばかり義昭に辞表をたたきつける。親しくしていた幕府奉行人の曾我助乗《そがすけのり》に宛てて、「ともかく将来の見込みが無いからおいとまをいただけるよう、取り次いで下さい」と頼んだばかりか、鞍《くら》を贈り、京の地子銭《じしせん》（固定資産税）の一部、21貫2

00文もあげるから、と申し入れている。

退職金をもらうどころか、200万円近い金を賄賂として贈ってまでクビになりたかったのだから、それだけ信長の部下でいることは収入面で魅力的だったのだ。

居城のための押し貸し

ネットが身近にある生活というものに慣れてくると、「マメだなー」と思う機会が多くなる。インスタグラムやフェイスブックなどのSNSに自分の日常を事細かくアップする知り合いが多いと、スマホのお知らせサウンドが鳴り止まない。みんなプライベートを露出しまくるなー、と感心する。

株の売買も昔なら朝夕の新聞の証券欄を見て、あとはたまに証券会社の前を通りかかったときに店頭の株価ボードを見るぐらいで判断し、窓口の営業時間中に売り買いするというのんびりした投資家が多かった。しかし最近は株に限らず外貨にしても仮想通貨でも、24時間年中無休でパソコンやスマホの画面に集中して勝負している御仁が多いようだ。これもマメ。

そうそう、何といっても一番マメなのが、「詐欺メール」というやつ。毎日毎日あの手この手で人をだます方法を考える、マメの極め付けだ。「〇万円を差し上げます！」などという釣り文句にうっかりのって記載されたアドレスをクリックすると、口座情報を求められる。入力すると、後日少額の入金がおこなわれ、さらにそれからしばらくすると「あれは貸し付けた金だ」と高額の利子を請求されるケースもあるとか。俗にいう「押し貸し」だ。まったく油断もスキも無いのである。

前置きが長くなったが、戦国時代にも「押し貸し」はあった。そしてそれは光秀がおこなったものだったのである。

織田信長による比叡山延暦寺の焼き討ちがおこなわれた元亀2年（1571年）は、明智光秀にとって京の政務をつかさどる織田家の奉行としても多忙な年だった。焼き討ちからわずか半月後、下京《しもぎょう》にこんなお触《ふ》れが出されている。

「公武の御用の為に段銭《たんせん》相懸《あいか》けらる事」。

朝廷と室町幕府の費用にあてるため、田畑に税としての米を課すというのだ。これは単なる臨時の課税なのだが、これに続いてこんなお触れも出された。

「皇居の経費のために八木《はちぼく》を京中に預け置く。こちらから指示あり次第、1町あたり5石を受け取りに来い。利息は3割とするから、来年正月から毎月1町あたり1斗2升5合を納めるように。これは恒久的に預け置く」。

八木というのは「米」の字を分解したもの。つまり、京の町人たちに米を強制的に貸し付けることを決めたのだ。これぞ「ザ・押し貸し」。

下京というのは三条通りから南の京の半分をいう。当時、このエリアには商人たちが集住して日々にぎやかに売り買いをおこなっていた。彼らに対して各町5石を貸し付けて、その利息として年3割、つまり1年で1・5石、毎月0・125石を永続的に上納せよと命じたのだ。

このとき、同時に上京《かみぎょう》（京の北半分で、上流階級の邸宅や高級名産品の生産拠点が集まっていた）でも同様に各町3・75石を貸し付けられ、年間1・125石の利息払いを命じられた。

この押し貸しは実際に実行され、集めた利息米の半分は朝廷に納められている。合計すると、京全体に520石の米が貸し付けられて、その利息から156石が御所の経費として使われたらしい。現在の価値に換算すると、156石は年間700万円程度だ。

ということは、織田家は毎年156石の御所の経費を負担しなければならないところを、最初に520石を出すことによって4年分の経費にあたる支出をおこない、あとは完全に持ち出しが無くなるという仕組みをつくりあげた訳だ。実に素晴らしい、損の無いシステムではないか！

『信長公記』では、これは御所の修繕の費用を賄うためであり、同時に公家たちが押領《おうりょう》された領地も回復してやったために「天下万民一同の満足、これに過ぐべからず」（天下万民はこれ以上無く喜び、満足した）と謳《うた》われているが、新たな税金を課されたうえに押し貸しまでされて喜ぶ者がいれば、それは馬鹿かマゾだ。そんな人間などいるはずもない。

では、この発想は誰によるものなのだろうか。このふたつの命令は織田家の奉行衆の連署（複数人の署名）で布告されているのだが、明智光秀が最上位に来ている。光秀こそが課税と押し貸しの実施のリーダーだったことになる。

ところが、その光秀が同時期に大寺院の領地を次々「延暦寺の領地だ」と強引に押領したため、将軍・足利義昭との関係が悪化し、とうとう年末に同僚にワイロを贈ってまで退職の口利きをしてもらおうとした。これは先に紹介した通りだ。

問題なのは、これと並行する12月から、彼が近江国滋賀郡の領主として坂本に城を築き始めていることだろう（『年代記抄節』）。武将としても奉行としても忙しい毎日を送るなか、彼の築城工事は比叡山の「山上の木まで切り取」る勢いで進められる。比叡山がハゲ山になってしまうほど急激に木が切り出されていったのだ（『永禄以来年代記』）。

そんな突貫工事の甲斐あって、翌年の6月には坂本城は粗々《あらあら》できあがったらしい。この1年後には大小ふたつの天守も完成しており、宣教師フロイスが「信長が安土山に建てた物に次ぎ、この明智の城ほど有名な物は天下に無い程であった」と驚嘆することになる壮大で華麗な城。しかも、湖の水を城内に取り込んで船の出入りができる水城だったという。それを半年あまりで造り上げてしまったのだ。

この工事の期間中、近畿地方に干魃《かんばつ》は無く、むしろ夏は伊勢で洪水が起こるほど近畿地方の降雨量は多かった。水位が上がっている琵琶湖にせり出すような城を築くのは、たいへんな困難をともなったことだろう。当然、その工事費用は天文学的なものになったはずだ。光秀は大名に成り立てホヤホヤだから、そんな財力は無い。おそらく、織田家の金庫から資金が出されたと思われる。

となるとこれは推測だが、光秀は坂本城の工事に織田家の財源を集中投入してもらうべく、朝廷の経費は新規課税や押し貸しで賄《まかな》おうと発案し、信長にプレゼンしたのではなかろうか。

そして「朝廷の費用を賄う収入を確保してやったのだから、少々土地を取り上げても文句は無かろう」という理屈で、大寺院の領地を押領することもやってのけたのだろう。その分は明智家の財源に繰り入れられ、築城資金の足しや軍役に回される、という寸法である。

２０１７年２月、愛知県豊橋市の金西寺《こんさい》所蔵の「當寺御開山御真筆」の中に、本能寺の変の直後織田信長を「苛政暴挙《かせいぼうきょ》、枚挙に堪《た》えず」とこきおろし「仏教の敵で、彼を討った光秀は勇士」とする内容を含む詩文が写されているのが見つかったと発表された。この詩を書いたのは東福寺の住持だった集雲守藤《しゅううんしゅとう》という高僧だ。延暦寺焼き討ちの中心的役割を果たし、寺院の領地をかすめたにもかかわらず、当時の知識人から光秀が褒《ほ》められているところを見ても、いかに彼が信長の名の陰に隠れて上手に立ち回ったかがわかる。

その後の光秀だが、坂本城が一応完成した3ヵ月後の元亀3年（１５７２年）9月にまたやらかしている。この月の4日に、細川藤孝がこんな書状をしたためているのだ。宛先は無くなっているが、文中に関係者と思われる名前があるので、京の東寺宛てだろうと推定される。

「このたび勝龍寺城の備蓄用として、領内のあちこちで権利関係が複雑に入り組んでいるところからも米を徴収するよう信長様からご命令が下りました。しかしながらそちらのお寺は他とは違う（歴史も格もある）ことでもあり、また明十と里村紹巴《さとむらじょうは》からの申し入れもあるので、上桂《かみかつら》と朝原についてはこれまで通りにそちらのお寺で徴収してください」。

上桂というのは桂川西岸の上桂庄（現在の京都市西京区上桂）で、朝原はその南隣りの下桂庄の一部にあたる。そして明十というのが、明智十兵衛尉こと光秀のことだ。

里村紹巴は上流社会に強い人脈を持つ連歌師だから、東寺もそれにすがったのだろうが、光秀の方は以前に東寺の所領を押領したと訴えられているぐらいだから、自分の取り分が減るのを嫌って藤孝に働きかけたのだろう。

信長の命令があるのにそれを否定する動きをするとは、光秀のマネーに対する執着ぶりには呆れるばかりだ。

一世一代のバラマキ

元亀が天正に改まる頃になっても、光秀は相変わらずだったようだ。元亀4年（1573年）4月の上京焼き討ちでは織田軍による放火を免れようと必死に奔走する臨川寺の関係者から銀子4枚を、同じく下京の関係者から銀215匁（銀子にすると5枚）と銀子5枚を、それぞれ受け取っている（もっともこれは信長以下同僚たちに至るまで御同様なのだが）。

これは現在の価値に換算すると240万円程度となる。

こうして献金したところは焼き討ちされずに済み、しなかったところや庶民は強盗殺人の憂き目に遭うのだから、ひどい話だ。


焼き討ちを経て将軍・足利義昭を京から追放し、名実ともに天下に号令をかける立場となった信長は、天正3年（1575年）1月10日、京の諸政にあずかる光秀と村井貞勝に対して「洛中洛外の寺社の本所領を押妨する代官をクビにして、ちゃんとした正しい者に交代させろ」と命じている。

寺社の本所領というのは荘園としてのトップ権利を持つ土地のことで、その代官として寺社にキチンと年貢を納めるのが代官の役目であるにもかかわらず押領してしまう者が多い状態を、信長はなんとか是正せよと命じたわけだ。

しかしそれを命じられた光秀は代官の任命権者で、本来は任命者責任を負っている。自身も押領を重ねたことはここまで述べて来た通りで、信長は光秀にも大いに自重を求めたのだろう。光秀も殊勝げに命令を承りながら、陰で舌を出していたかもしれない。

直後に丹波平定に乗り出した光秀は、地元の最大勢力、波多野秀治・秀尚兄弟や「丹波の赤鬼」の異名をとる猛将・赤井直正らの激しい抵抗を受けてさんざん苦労し続けるだけでなく、大きな不幸にも見舞われている。

天正4年（1576年）11月7日に妻の熙子が病死してしまったのだ。光秀は京に住まう熙子の看病のために多忙ななかで付き添い、坂本城で静養させようと連れて帰ったが、この日に世を去った。かつて自分のために髪を売ってくれた妻。その愛情に応えるために輿に乗るような身分にしてやると約束した光秀だったが、その約束がかなったときに熙子は彼のもとから居なくなってしまった。

それでも彼は、悲しみをこらえて出世の階段を昇り続けようと努める。熙子の死からひと月経たない12月3日、彼は家中の者たちにこう告げた。

「来年2月上旬には上様（信長）が大坂へ動座されるから、すべて私的な用途に金を使わないで軍備に投入せよ。正月も、全員布子着用のこと」。

信長の大坂行きは本願寺攻めのためだが、その準備のために正月も安い麻の綿入れで過ごせ、贅沢な服を着て年始あいさつなどしなくてよい、というわけだ。

寒い正月のこと、せめて木綿の綿入れを着させて欲しいところだが、光秀はドケチ宣言で悲しみを乗り越えようとしたのだ。

むろん、そのためには節約だけでは無理がある。彼は財テクにも手を出した。

天正6年（1578年）12月20日付けの光秀書状にはこうある。

「今年の夏に預かった兵糧の代金を、ご依頼通りに京から急いで立入《たてり》隆佐の方へ渡しました。きっと届くと思います」。

立入隆佐は朝廷の金銭や年貢米の管理をおこなう「禁裏御倉職《きんりみくらしき》」を務めると同時に金融業を営んでもいた男で、先に紹介した「押し貸し」の際に朝廷側の事務を担当するなど、光秀にはかなり近い。

光秀はこの書状の宛先の人物から夏に金銭を預かり、冬になってそれを越冬用の兵糧購入（文字通りの年越しの餅という感じですな）にまわしてほしいと頼まれて、隆佐の関係者にその金を送った、ということがわかる。

ところが、この書状の宛先の人物は光秀の部下などではない。播磨《はりま》国（現在の兵庫県南西部）で三木城の別所氏と対峙中の羽柴秀吉の部下なのだ。

この頃すでに光秀は京の奉行職を解かれ、丹波攻めなど武将としての職務に専念しているから、これは彼が個人的に金を預かり、それを立入隆佐へ送って朝廷の年貢米の一部を売ってもらっていたことになる。いうまでもなく夏に預かった金が冬まで手元にあるわけだからその間に運用もできるし、知り合いの隆佐と米の値に少し利幅を加えてそれを分け合うことだってできる。京でつちかった人脈をこんな形で活かしてくるとは、うーむ、光秀の底光りするような凄みが感じられるではないか。

こうした地道な資金集めの結果、明くる天正7年（1579年）の秋にはようやく丹波一国を攻めたいらげることにも成功。光秀の得意は絶頂となった。南山城・丹波・近江坂本・大和と、彼の影響が及ぶ範囲は最大にまで拡がり、天正8年（1580年）8月には信長から「丹波国での光秀の働きぶりは天下に面目をほどこした」と織田家臣中第一位の評価を受ける。ちなみに次点は秀吉だ。

そんな光秀が本能寺の変を起こすのだから、先のことは分からない。天正10年（1582年）6月2日にその日本史上最大とも言われる政変は起こった。未明に本能寺を襲った光秀は信長を自害に追い込むと、続いて二条御所に籠もった信忠（信長の嫡男）をも攻め、これも自決させる。民衆を安心させるために金銭を支給して地子銭（固定資産税）を永久に免除すると発表すると、5日には信長の本拠・安土城に入った。

ここで、光秀一世一代のバラマキがおこなわれている。安土城に貯め込まれていた莫大な金銀を、彼は皆に分配したのだ。

彼は「大いに気前よく」分け与えたと『フロイス日本史』にあるので、以下同書からその様子を見てみよう。

「武将たちの中には金の棒で七千クルザードを与えられた者も幾人かいた」。

「他の者には三、四千クルザードを支給」。

クルザード（クルサード）というのは当時のポルトガルの通貨単位だからいまいちピンとこない。フロイスの記録に従って換算してみよう。

1クルザードは金0・232両。だから、現在の価値では3000クルザードが1億3000万円以上、4000クルザードが1億8500万円。7000クルザードに至ってはなんと3億2000万円だ！　明智秀満や斎藤利三などの家老衆がこのトップクラスの莫大な金額を受け取ったのだろうか。

それだけではない。9日に京へ戻った光秀は朝廷に2万クルザード（9億2500万円）を献上し（公家の吉田兼見によれば銀500枚＝1000万円だったともいう）、京の五山（臨済宗の主立った寺院）にも各々5000クルザード（2億3000万円。ただし光秀書状や兼見の日記では1000万円程度の計算になる）を寄附。

さらには「その財産のにおいだけをかぎつけて同所へ急ぎ集まって来た未知の人々にも二

百ないし三百クルザードを与え」た。

1000万円~1300万円を無関係の者たちにまで配るとは、大したバラマキ具合だ。民衆への金銭支給や固定資産税免除を加えると、その額は天文学的数字になるだろう。

もっともこれは光秀が豪儀というよりも信長がいかに安土城の金蔵に貯め込みまくっていたかという話で、光秀の懐が痛む話ではない。他人の金で自分の人気が高まるのだから、やらなければ損ということだ。

それに、光秀のライバルだった秀吉も、本能寺の変を知って急遽備中高松から姫路に戻った6日(8日とも)に姫路城の蔵にあった金銀を残らず部下の将兵に分配しているのだ。いつの時代にも人心を掌握し士気を高めるにはお金を配るのが一番なのである。徳川家康だって、変後に伊賀越えで三河に逃げ戻るにあたり一揆に襲われながら側近の御用商人・茶屋四郎次郎らが持参した金銭をばらまいて、なんとか帰り着いている。

しかし、光秀のバラマキは実を結ばなかった。6月13日山崎の戦いで秀吉に敗れると、「明智莫大の黄金を与ふ《う》るを約し、坂本に入るまで救助せんことを土民等に頼みしが、彼等は刀及び背に負ひ《い》し僅少の品物を奪は《わ》んと欲し、彼に一槍を付け、其《その》首を切りし」(『耶蘇会士日本通信』1583年2月13日条)とあるように、莫大な謝礼を餌に坂本城までの逃走を助けるよう土民に頼んだものの、あっさりと殺されてしまったのだ。彼は最期に、郷民に金を渡して回向《えこう》を乞うたという。

スタディ4　武田信玄容赦なく課税之事

人間誰しも、怖いもの、苦手なものはある。「戦国最強」と謳われた武田の騎馬軍団を率い、「甲斐の虎」の異名をとった武田信玄の場合も例外ではない。『甲子夜話《かっしやわ》』という江戸時代の平戸藩主・松浦静山《まつらせいざん》がまとめた逸話集によれば、彼は芋虫が大の苦手だった。若いころ重臣の馬場信房に「そんなことで大将はつとまらぬ」と叱咤され、勇気を奮い起こして芋虫をつかんではみたものの、その手も顔も真っ青になってしまったという。

大大名となってからも、信玄は6畳の部屋の真ん中にトイレをしつらえ、下水を樋《とい》で流すように造らせてその中でふんばりながら政務処理の書類を閲覧していた（『甲陽軍鑑』）。今でいう水洗トイレというわけだが、広い部屋にしたのは無防備でいるところを襲われても身動きできるようにするためだったろうし、樋で流す仕組みも、敵の忍者などが便壷から侵入して来るのを防ぐためだったのではないか。

芋虫嫌いのことといい、慎重すぎるほど身の安全に神経を尖らせたトイレといい、彼はかなり臆病な性格だったのではないか、と思う。

さらに言うと、神頼みも好きだった信玄は、安倍晴明の末裔という触れ込みの陰陽師も雇い入れている。その契約年俸は、100貫文。判（書き判。花押＝サインのこと）の占いに長《た》けていたというその男の名は「判兵庫《ばんのひょうご》」。信玄が信濃の長沼城を手に入れたときにスカウトされ、すぐに修験場として有名な戸隠山で密供《みっく》（密教の護摩行）したという（『甲陽軍鑑』）。

永禄11年（1568年）、戸隠山へ参詣した上杉謙信が、信玄が自分を呪詛《じゅそ》しようとした願文《がんもん》を見て「あいつの臆病の証拠だ、末代まで大事に保管しろ」と嘲笑《あざわら》ったという話がある（『北越軍談』）。

安倍晴明の末裔を名乗る判兵庫に呪いをかけさせ、謙信を滅亡に追い込もうと考えた信玄だったが、実際には永禄11年時点の謙信は関東管領上杉家を継いで信玄より格上となり、さらには北条氏も信玄と断交して謙信に接近。翌永禄12年には出羽庄内地方（現在の山形県北西部沿岸）も謙信の支配下に入っている。

つまり判兵庫の呪詛はまったく効き目がなかったということだ。立場が悪くなり周囲からの白い目に耐え切れなくなったのか、彼はその1年後、星占いにことよせて武田氏を辞去し、故郷の近江に帰ってしまった。

信玄はあしかけ15年あまりで1500貫文、現在の価値で1億円以上をどぶに捨てたわけだが、慎重で神経質だった信玄としては、神仏にすがることによって精神の安定を得ていたとすれば、無駄金ではなかったのかも知れない。

　しかし、神経質で臆病なことは戦国武将にとって決してネガティブな要素ではない。北条氏康にしたって長宗我部元親にしたって、のちに名将となる人物には小さい頃臆病で神経質だったというエピソードを持つ者が多いのだから。

　あの徳川家康だって、困った場面になるといつも神経質に爪をかんでいたとか、当の信玄に三方ヶ原の戦いで惨敗したとき、逃げる馬の上で知らぬ間に脱糞してしまっていた（尾籠《びろう》な話で失礼）、などという伝説がある。それぐらいの方が感受性するどくいろいろな事象に反応し、うかつには動かず、入念に対策をほどこして必勝の方法を準備するのに向いているのだろう。

　細かいところに神経が行き届く信玄の特徴は、税金の規定にも実によく表れている。『甲斐国志』によれば、彼は「地頭役《やく》」「代官役」という名称の税を、家来の地主・領主たちから徴収している。つまり武士たちにも納税義務を課したということなのだが、普通主君は自分の直轄地からの年貢や諸税を家の運営にあてるだけで、家臣から税を取り立てたりはしない。

　なぜなら土地は「恩」として与えるものであって、そこからも税金を取るならそれは家臣にとって自分の領地ではなく、代官としてその土地を預かっているに過ぎないということになってしまうのだから。それをあえて実行できたところに信玄の政治力とカリスマがあったのだ、ともいえるのだけれど、その税率は2%と低かったこと、それに当時はまだ正確な検地ができなかったこともあって、地主・領主たちは「隠し田」と呼ばれる〝殿様にはナイショ〟の田畑からの収入もあったので、渋々ながらも課税を容認できたのだろう。

それだけではない。信玄の取り立ての手は、寺院、神社にも及んだ。当時、寺社は別途上納金を払うなどして「守護不入」という非課税対象にしてもらうケースがほとんどだったが、信玄はこちらにも容赦なく臨んだのだ。武田家の公事《くじ》奉行(現代で言うなら税務署長か)だった桜井信忠という人物がある寺に出した命令書には「田一反につき八つ税金として払え」とある。この解釈は難しいのだが、8升(0・08石)の事としておこう。すると、1反の田から取れる米の量が分かれば税率が産出できる。

のち、豊臣秀吉は太閤検地で田の広さの測り方を変えたが、豊臣政権下での田の広さは、信玄当時の83・3%で、標準的な収穫量は田1反あたり1石3斗だから、換算すると信玄時代は1石6斗弱だったと仮定できる。これに対する8升だから、税率5%。地主たちよりちょっと率が高く、税の面では優遇されている現代の宗教法人関係者が聞いたら怒り出しそうだ。

その他でも、信玄の税制は結構キツかったようで、例えば「棟別銭《むなべちせん》」という家屋単位の税は1戸あたり200文。奥州の伊達氏や近江の朽木《くつき》氏で100文、北条氏の場合が50文だったのと比べると、2倍4倍の高率となっている。本来この税は臨時税なのだが、信玄は天文10年（1541年）に父の信虎を追放して武田家当主になると同時にレギュラー化した（『高白斎記』）。

これに「徳役」（金持ち税）や「商売役」（商業税）もあった。天文20年（1551年）などは重なる天災や凶作の影響で無数の餓死者が発生し、「この年、世の中ことごとく悪《あ》しく御座候て、なお世間詰まる」と甲斐国内は行き詰まった状況だったにもかかわらず、「地下《じげ》衆へ過料銭お掛け候」（庶民にも過料を払わせた）という政策をとったのだ。

過料とは本来罰金のことだが、ここでは何かにことよせて半分罰金の様に強制的に課金したのだろう。この強引な集金によって「なかなか地下衆難儀申すばかりに候。皆々、所をかけ申し候」（庶民は困り果てるばかりで、みんな住家を捨て逃げてしまった）と、夜逃げなどで人が減ったという記録がある（『妙法寺記』）。

もっと例をあげよう。寺社に対する課税は先にふれた通りだが、その他に妻を持つ僧侶に対しては「妻帯税」ともいうべき役を課していた。信玄が制定した「甲州法度之次第《こうしゅうはっとのしだい》」という武田家の法令集があるのだが、その中に妻子持ちの僧侶について触れ「役などのことはその収入によって決める」と定めている。

この税、『甲陽軍鑑』では「後家役」（未亡人にかけた税金。通常、戦死した武田家臣の未亡人は免税されたが、信玄はこれにも容赦なく課税したようだ）と並んで織田・徳川との対決に備えた臨時税とされているが、何年にもわたって維持更新された法度にいつもあるのだから、レギュラー税だったはずだ。「法度」のなかで彼は「税金未納者はどこまでも追いかけて取る。脱税者に時効は無い」と述べているから、いつまでもどこまでも追跡され徴収された。現代の〝マルサ〟も真っ青、それが武田家の税金だったのだ。

そんなわけで、いろいろと神経が行き届く信玄は、微に入り細をうがつようにあれにもこれにも重い税をかけていった。その金は、よく知られるように治水の信玄堤《づつみ》など領内を富ませる事業や、もちろん合戦にも投入されたのだが、最後に他の使い道として、もうひとりスカウトされた人物を紹介しておこう。

男は鹿島久閑《きゅうかん》といい、若いころは武功を広く知られた男だったが、年取って隠棲していた彼を信玄は何と３０００貫文の知行で召し抱えたのだ。現代の価値で2億円以上。

その後、彼は久閑に毎晩毎晩いくさ話を語らせ、それをみずから記録して軍略の参考にしたという（『常山紀談』）。つまり、信玄は合戦の家庭教師として久閑を雇い、その知識と経験を吸収したのだ。のちに名軍師の名をほしいままにした山本勘助でさえ100貫文の知行で雇われたという（『甲陽軍鑑』。200貫文ともいう）から、いかにも高い。

けれど、信玄にとって豊かなノウハウを持つ者は貴重な「人財」で、千金を投じても惜しくなかったのだろう。

小学生のころから、算数が苦手な子だった。10進法で○桁の数字を、4進法に変換せよ――なんて質問を見たら、ジンマシンが出るたち。ところが、なんでも生物の遺伝子情報をつかさどる塩基配列というのは4進法に近いのだとか。してみると、本来4進法の方が生き物にとって自然なものかも知れないなぁ。

よく考えたら、江戸時代の金貨の単位、1両＝4分＝16朱なんてのはそのまま4進法。さらに二分金、二朱金というのもあり、2進法も混在していた。それでいて銀の方は10進法なんだからややこしい（厳密にいうと銀にも2進法があったりするのだが）。銭も、10文銭あり4文銭ありで両方がごっちゃに存在している。昔の人は、3つの記数法を実に柔軟かつ複雑に使い分けて経済を動かしていたわけだ。

ところで、この江戸時代の金貨制度、武田信玄にルーツがあるというのをご存じだろうか。それがいわゆる「甲州金」。信玄は黒川金山など領内の金山開発と採掘に力を入れ、手に入れた金で貨幣を鋳造した。その体系が1両＝4分＝16朱。さらに甲州金には、その下に「朱中《しゅなか》」（朱の2分の1）、「糸目」（1両＝64糸目）、「小糸目」（糸目の2分の1）、「小糸目中」（小糸目の2分の1）もある。

『日本経済史』（平凡社）によれば、金1両＝銀48匁《もんめ》の交換レートも信玄が定めたという。これは江戸時代になると銀60匁と変わったが、江戸幕府の金貨種別はほぼ信玄のものをそのままパクッたことがよくわかる。家康が大久保長安ほか武田家の遺臣を財務官僚として多く召し抱えたことによってその制度が引き継がれたこともあるが、なにより信玄の制度が合理的だったことが大きかったのだろう。

なぜ信玄が4進法を基本とした金貨制度を築いたのかについては、当時の両替手段を考えてみよう。図屏風などに描かれた両替屋は、天秤を使って商売している。分銅などが無い場合、天秤の左右の重さが釣り合った状態は1：1、つまり2進法だ。さらにそれをもう一段細かく分割すれば1／2：1／2で、4分割となる。これをそのまま計数単位として使わせたという点では、革命的と言ってもよいかもしれない。

永禄11年（1568年）、今川氏真《うじざね》を破って駿河を領国とした信玄は、清水の巴川の北岸に支配の根拠地・江尻城を築くのだが、その天守には「観圀《かんこく》」という扁額が掲げられたという。この額の文字を書いたのは策彦周良《さくげんしゅうりょう》という高僧なのだが、これが実に興味深い。策彦は織田信長の本拠地「岐阜」、岐阜城「天主」の命名者とも言われているが、信玄に招かれて甲斐の恵林寺の住職をつとめたこともある。

遣明船の正使という経歴を持つ策彦は、当時の大陸の最新技術の窓口でもあった。当時の最新技術とは、出雲国の石見銀山に導入され飛躍的に産銀量を増やしたという「灰吹法」（銀の精錬方法）に代表されるような、鉱山発見・坑道採掘・精錬など一連の鉱山技術だ。「観圀」＝国を観る、とは国をよく見分して鉱山など秘められた資源や物産の可能性を追求すること。信玄が策彦（とその人脈）に期待したのは、まさにそれだった。

ちなみに、「金に糸目をつけない」という言葉の語源はこの甲州金の「糸目」であるともされるが、信玄が有用な人材の登用については「金に糸目をつけなかった」のは先に紹介した通り。

ほかにも、駿河の今川家を滅ぼした後、その本拠だった駿府の今川館を頑強に守り続けていた岡部正綱をやっと降伏させたとき、信玄は正綱を処刑するどころか、３００貫の知行だった彼を10倍の３０００貫で召し抱えたという話もある（『甲陽軍鑑』）。現在でいえば１３５０万円の年俸が1億３５００万円、一躍トップ経営者のはしくれクラスの報酬にはねあるというスーパーサプライズのベースアップで、強敵を感動させ忠実な家臣としたのだ。

ちなみに、信玄が「金に糸目」をつけなかったのは、何も人に対してだけではない。戦国の世、武器の充実にも投資は怠らなかった。それが「鉄砲」だ。意外に思われるかもしれないが、信玄は当時の最新兵器である鉄砲にも深い理解を持ち、その確保につとめている。

黄金で銅銭を買う

天文24年（弘治元年、１５５５年）には信濃の善光寺平にある旭要害（要害は城砦を意味する）に鉄砲を持ち込んだが、武田氏の関連史料『妙法寺記』にその数「三百挺《ちょう》」と明記されている。この戦いの相手こそが信玄の宿敵・上杉謙信、戦いの名称は第二次川中島合戦だ。３００挺の鉄砲の威力のおかげか、謙信は何度も城に攻め掛けたもののついに陥れられず、２００日にわたる両軍の対峙は今川義元の仲介で休戦講和になったという。

この時の鉄砲の調達には、果たしていくらぐらいかかったのだろうか？　豊臣秀吉の時代の鉄砲の価格が1挺あたり9石ほどというから、ざっと40万円以上。そこから30年ほど前、遠国の甲斐だとさらに高い上に運搬費などの経費が乗るだろうから、60万円以上にはなるだろう。つまり、最低でも1億8000万円ほどかかった計算だ。これに、鉄砲そのものより貴重な火薬や弾丸も必要だから、謙信とのライバル対決は信玄にとって物入りそのものだった。

弾丸については面白い記録がある。永禄7年（1564年）の第五次川中島合戦の直後、信玄の家臣が領内の神社に「鉄炮玉（銃弾）の御用に」と悪銭の納入を命じているのだ。悪銭とは鐚銭《びたせん》（劣化して質の悪い銅貨）のことで、賽銭には鐚銭を使うことが多かったのだろう。それを提供せよ、と言っているのだから、武田領内はよほど銅が不足していたことがわかる。

命令書は「その見返りとして黄金でも与える。もし悪銭が足りなければ、甲府に来て釈明せよ」と続く。黄金で鐚銭を買うとは！　その焦り具合にこちらが驚くほどだ。

だが、この甲州金の威力で武田領内がリッチでセレブな金持ち集団になったという話は聞かない。なぜかというと、黄金を決済手段として用いるほどの大型取引や、銀・銭との両替に即応できるインフラがまだ出来上がっていなかったから。

先進地域である堺の商人から鉄砲や火薬を買うときなどは黄金も大型取り引きの決済手段としてモノを言ったことだろうが、周辺諸国との取り引きや領内の流通にはあまり役に立たなかったのだ。だから黄金は主に褒美や贈答用に使われていた。金貨制度を整備した信玄としては、なんとか金の決済で領内の経済がまわるところまで持って行きたかったのだろうが、時代が早すぎた。

だから、領内の武士や民衆はよく借金している。借金し過ぎてその返済にともなうトラブルも多発し、武田家もその裁定に悲鳴をあげた。その結果、「甲州法度之次第」に借金に関する規定が多く盛り込まれる。いわく、

「利息をともなう借金の担保の田畑の差し押さえは、先に成立した貸借分が優先」

「担保を過大に設定した場合は、返済期限を過ぎても勝手に売却するな」

「3～5ヵ月返済期限が過ぎれば催促をおこない、それでも返さなければ第三者を証人にたてて売却してよい」などなど。

法度でがんじがらめにして金融紛争を防ごうとしたのだが、これだけ制限が多いと金貸しのうまみは減るから、法度以降武田領内ではヤミ金融が横行したという。「甲州金」から連想されるバブリーな状態からは程遠い状況だ。

しかし、信玄による「甲州金」の採掘奨励は、別の効用も生んだ。採掘を受け持つ「金山《かなやま》衆」が合戦にも投入されたのだ。元亀2年（1571年）の深沢城攻めでは、2万人近い大軍で北条氏の城を包囲したのだが、守将の北条綱成・氏繁父子は名将として知られ、苦戦が予想された。そこで信玄は甲斐から金山衆を呼び寄せ、坑道を掘らせて城の土塁などを地下から崩させたのだ。これが効を奏して、城はわずかな日数で落ちた。

この褒美として、信玄は10人の金山衆に籾子《もみこ》（脱穀前の米）150俵を褒美として与える。脱穀米だと100俵、石表示だと40石。180万円分程度の報酬だ。綱成・氏繁父子は名高い「地黄八幡《じきはちまん》」の旗を捨てて逃げたというから、信玄は「甲州金」の余徳と言える技術者集団の投入で敵のイメージを大きく下げることに成功したことになる。

だが、信玄が甲斐から信濃、駿河、西上野と拡大し続けた武田王国は、彼の死後わずか9年で崩壊する。天正10年（1582年）、子の勝頼は織田・徳川・北条の侵攻を受けて滅亡してしまうのだ。信玄時代は2％だった税金が、勝頼の代の最後には36％まで高騰していたとの記録もある。金山の採掘量が激減してしまったこともあって、あまりにもアップされた酷税に耐えかねた国人領主、農民、町人がそっぽを向いたことも、武田家滅亡の一因だったのだろう。

スタディ5　上杉謙信流公家との通商交渉之事

越後の竜と呼ばれた戦国大名・上杉謙信は日常浴びるほど酒を呑んだという。戦場でも馬にまたがったまま「馬上杯」で呑み、平和なときは大ぶりな「春日杯」で塩や梅干しを肴にまた呑む。

もっとも、当時の酒はまだ醸造技術が未発達で清酒ではなくにごり酒が主流で、アルコール度数は低く甘みが強かったから、酒好きな謙信は浴びるほど呑まなければ酔えなかったのだろう。

そもそも、越後、つまり現在の新潟県が米の名産地となったのは江戸時代以降の話で、魚沼産コシヒカリという一大ブランドが誕生したのも戦後のこと。戦国時代までの越後の米はまだ寒冷地向けに品質改良される前で江戸時代にくらべて3分の1の収穫高しかなかったから、その面でも浴びるほどの酒の量を確保するのは難しかったかもしれない。

そういえばテレビで初めて知ったのだが、新潟県は近年ブドウ、そしてワインの産地として脚光を浴びているそうな。調べてみると、年間を通して気温が低く春・夏・秋の降水量も少なめ、夏季は日照時間が長い、痩せた土地＝砂地があって水はけも良い、という気候風土がフランスのボルドーなどと共通しているとのこと。

江戸時代後期の越後魚沼の風土風俗を記録した『北越雪譜』は越後を「寒国《かんこく》」と表現した

が、まさに低温その他の特徴がワインにぴったりだったわけだ。米国のアーノルド・シュワルツェネッガー元カリフォルニア州知事がカリフォルニア・ワインのトップセールスをしていたのは記憶に新しいが、新潟といえば良い米、そしてそれから醸される良い日本酒、という固定観念が過去のものになり、カリフォルニアのライバルが新潟となる日も近いのかもしれない。

酒と謙信。ふたつのお題がそろったところでまずは永禄2年（1559年）4月の京の町へとご案内しよう。このとき、謙信は人生2度目の上洛の旅に出ていた。彼が琵琶湖畔の坂本に到着したときは比叡山の僧侶たちまでが下山して彼の行列を見物したという。27日、謙信は3500人の兵士を坂本に留め置き、1500人の供廻りで京へ入る。その姿を一目見ようという群衆で街頭は大混雑となった（『上杉家御年譜』）。

彼が何の目的で上洛したかについては後で説明するとして、まずは面白い話を紹介しよう。謙信は室町幕府の13代将軍・足利義輝と関白・近衛前久《さきひさ》と三人で連日の大宴会をおこなったのだ。

「こざっぱりと華やかに装った若衆をたくさん集め、度々徹夜で大酒を呑んだ」と『上杉家文書』にある。

ここで考えてみたいのは、一晩大酒宴をするのにいくらお金がかかったか、という問題だ。当時、京で酒といえば「柳」。これは下京の西洞院にあった柳酒屋という醸造元が造っていたもので日本一の美酒などと称され、高貴な人たちの贈答用として絶大な支持を集めていた。現在もお祝い用の酒樽を「柳樽」と呼ぶのは、この名残なんですな（ちなみに「柳」と双ぶ名酒といわれた伊豆の江川酒は公家の山科言継《やましなときつぐ》が「鈴」と呼んでいる）。

それほどの人気だったから、謙信と将軍・関白との夜通しの宴会はきっとこの柳酒が出たに違いない。このお酒は一升瓶換算でいくらだったか？　前後の記録に下白酒が銭10文、吉酒が20文とある。下白酒というのは安いにごり酒、吉酒はその上澄みを汲み取ったものと思われる。これに対して醸造酒の新酒（米の収穫から醸造して間も無い酒）が銭45文、同じく古酒（醸造してから半年ほど置いたもの）が60文。こちらはより上等な清酒だろう。精白米を使った最上クラスの清酒「諸白」は215文ほどもした。

してみると、超絶ブランドの柳酒は1升300文以上したのではないだろうか。酒ひしゃく3杯で100文という記録もあるから、その場合は1升1貫（1000文）とも計算できる。現代の価値に直すと1万3500～4万5000円。これを3人＋若衆（ホスト）大勢で一晩20本空けたとすると、その金額は27万〜90万円。ホストのサービス料も合わせれば50万〜150万円が飛んでいったかも知れない。

銀座の高級クラブで豪遊することを考えると安いと思えるかも知れないが、ボッタクリ飲み屋もない当時としては目ん玉が飛び出るような金額だっただろう。それでも、都の水で醸された柳酒のうまさは謙信を大いに満足させたのだ。

さて、この京都旅行の目的の件である。今なら京の酒の旨さをＳＮＳで発信するなんていう観光客も多そうだが、呑兵衛《のんべえ》の謙信といえどもそこは戦国大名。立派な理由があった。関東管領職を継ぐ承認をもらうことが第一の目的だったのだが、それだけではない。実はある公家に会うことが、隠れた重要ミッションだったのだ。

その公家の名は、三条西実枝《さねき》という。当時の上級公家はそれぞれ特権を持っており、三条西家の場合は「青苧座《あおそざ》」の本所だった。青苧からは上等の麻糸がとれる。それを織れば当時高級品として珍重された「越後上布」ができるのだが、青苧座はその流通を独占する商業組織だ。本所というのは、認可の見返りに苧《からむし》公事《くじ》（取引の営業税）を徴収できる青苧業界の親玉と言えば分かりやすいだろう。

越後、京、大坂の四天王寺門前にある青苧座はすべてこの三条西家の支配下にあり、遠隔地の越後では謙信が徴収業務などを代行していた（言うまでもなくしっかりとピンハネ分を上乗せしていた筈だ）。

ちなみに、謙信のライバル・武田信玄も自国内の青苧取引については税を代行徴収して三条西家に納める義務を負っていたが、それを滞納して指導を受けた過去がある。

江戸時代、越後上布から発展した「小千谷縮《おぢやちぢみ》」が魚沼地方だけで20万反以上の生産量、1万1000両（約11億円以上）の売上をあげていたことからみても、青苧座の取引の大きさが想像できる。

越後国内の関所では青苧の輸出関税として、馬1頭が背負う量あたり20文（1000円弱程度）を払わせたし、青苧を運ぶ苧船《おぶね》の入港税も年間4万貫（約18億円）にのぼったというから、全体の経済効果は50億円以上あったのではないだろうか。

京旅行の翌年の永禄3年（1560年）にはお膝元の春日山の城下町の町人たちが連年の合戦や上洛費用の負担で消耗しきってしまったのを救済するため諸税を免除した謙信だが、苧公事だけはしっかりと徴収している。謙信のころの上杉家の財政は、この青苧取り引きに大きく依存していたのだ。

ちょっと話が逸れるが、この実枝、のち元亀元年（1570年）に織田信長が越前に攻め込むときに信長の戦勝を祈禱する発起人になっている。ところが北近江の浅井長政が裏切ったために総退却となり、京に「織田信長軍惨敗、討ち死に1000人以上」という噂が届くと、彼はショックのあまり寝込んでしまった。信長と敵対して越後と京の流通の邪魔をする朝倉義景がいなくなれば、青苧でさらに儲かるという期待の反動だったのだろう。

天文22年（1553年）の秋に謙信が最初に上洛したとき、この実枝は京を留守にしていた。5月末から駿河の今川氏のもとに滞在していたのだ。実はその前の年も実枝は長く駿河に滞在しており、しばしば京都を留守にしている彼に会うことができなかった謙信は、今度こそとドンピシャのタイミングで上洛したことになる。

当然ながら、青苧座本所の実枝と、謙信の会見の場では越後上布の取引に関する打ち合わせがおこなわれただろう。つまり、謙信は越後の青苧業者の利益代表者として交渉に臨んだのだ。シュワルツェネッガーさんも顔負けのトップセールスぶりである。

5000人もの兵をともなって7ヵ月も京・近江に逗留した謙信。その費用たるや、供廻りの食費だけでも5000石＝2億2500万円以上がふっとんだはずだが、その費用も青苧取引の利潤で十分カバーできる上、それを補って余りあるメリットを謙信にもたらしてくれることになる。

2年後の永禄4年（1561年）、謙信は北信濃で信玄と「第四次川中島合戦」を繰り広げる。有名な謙信・信玄の一騎討ちがおこなわれたと伝わる大合戦だが、ひと月近くも1万8000人の軍勢を遠征に動員するには、3000石＝1億3500万円以上分の米を兵たちに与えなければならず、その米も本国から輸送費をかけて運び続けなければならない。その膨大な費用も、まさに青苧が賄ってくれたわけだ。軍神・謙信の命綱は、まさに青苧だった。

敵に塩を〝送らざるを得なかった〟理由

上杉謙信が亡くなったのは天正6年（1578年）なのだが、そのとき本拠の春日山城にいくらお金が残っていたかという記録がある。

「千百二十六枚一両三分一朱中　小朱中　利平《りびょう》之金、買金、所々より参《まいる》金　千五百八十八枚四両三分二朱糸目　土蔵在金」（「春日山城内惣在金目録」）。

解説すると、「利平之金」というのは高利貸しの利益のことで、これはおそらく家臣や城下の町人に貸し付けて回収されたものだろう。「買金」とは銭で黄金を買い付けた分。「所々より参金」は献上されたり贈呈されたりした黄金。

黄金１枚は小判10両分だから、総計１万１２６１両あまりが一時的な保管場所（納戸など）に置かれ、必要に応じて出納される。それ以外に土蔵（金蔵）にしまいこまれ完全な貯蓄用とされる黄金が１万５８８４両あまりで、合計が２万７１４５両あまり、となる。現代の金額に換算すれば15億３０００万円弱ほどだ。

どうだろう、「あれ？　越後の竜の異名をとって戦国最強と恐れられた謙信の遺産って、そんなものなの？」と思われた方が多いのではないか。ちなみに領国の規模は違えど、同時期に覇を競った織田信長は安土城に推計金30万両を遺し、豊臣秀吉は大坂城に金２５０万両以上を貯め込んでいた。

謙信が死んだ時の上杉家領国は越後だけでなく越中・能登にくわえて加賀の一部にも及んでいた。その合計の石高は謙信の死から20年後の「慶長三年地検目録」のデータを参照すれば１００万石にも及ぶ。このうち年貢として入ってくるのはおよそ半分の50万石で、さらに玄米を精白すると１割ほど量が減じるから45万石。そこから70％弱を家臣たちが知行として持っていくから、謙信自身の年収は15万石＝約68億円という計算になる。

これにくわえて先に紹介した青苧の取引収入や、そのほかの日本海交易で潤う直江津《なおえつ》・寺泊《てらどまり》・蒲原津《かんばらのつ》からあがってくる税金もあったのに、それで15億円程度しか残さなかったというのはどういうことなのだろう。港の利用税だけで、よその小さな国持ち大名の年収分くらいあったというのに、腑に落ちない話ではないか。

「軍神」と呼ばれ合戦に明け暮れた謙信のこと、軍事費に掛かる経費が相当なものだったに違いない、かと思えば、越後における上杉軍の鉄砲装備率は6%弱、316挺に過ぎない。これは北条・武田とくらべて半分、長篠合戦に兵数3万人・鉄砲3000挺でのぞんだ織田軍は10%の装備率だから、上杉軍のそれは列強にくらべてかなり低いのだ。

こうして見ると、謙信の台所事情は実はかなり苦しかったのではないか、と思えてくる。謙信の生前、金山で有名な佐渡《さど》はまだ上杉家の支配下に入っていない。のちの最盛期には江戸幕府に年間2万7000両近い収入をもたらした佐渡金山は、謙信の懐とは無関係の存在だったのだ。また越後国内の金山も、独立性が強い国衆たちの影響下にあって謙信が直接掌握することはできなかったという。つまり、金山収入はあてにできなかった、ということだ。

確かに「春日山城内惣在金目録」を見るとそれは裏付けられる。謙信は「買い金」、つまり銭によって黄金を買い込んでいた。これは市況に応じて黄金が高ければ売って銭に替え、安ければ銭で買うという相場取引をおこなっていたということなのだが、金山から安定した収入があればわざわざ黄金を買う必要はない。売るタイミングだけを計って黄金を貯め込んでおくはずだからだ。

ここでもうひとつ、「春日山城内惣在金目録」のおもしろい項目に注目しよう。それは〝利平之金〟だ。それが家臣や町人に高利貸しした利益だということはすでに述べたが、この時期から20年以上前、弘治2年（1556年）に起こった大事件が、実はこれに関係しているのではないか、と考えられる。この年の6月、謙信は「越後国内が混乱し、命令に服さない者たちがいる。もう嫌になったから、今までの功績が無にならないうちに遠国へ引退したい」と言い残して突然出奔《しゅっぽん》して（家出して）しまったのだ。

戦国大名の出奔とは後にも先にもほかに例がない。これは一般に重臣同士の土地に関する争いが原因とされている。慌てた重臣の長尾政景（謙信の義理の兄にあたる）らが高野山で出家しようと西に向かう謙信の跡を追い、説得して連れ戻し一件は落着するのだが、この政景というのが越後の金山のひとつ、上田金山を握っていたのだ。事件後、謙信が政景に宛てた書状には「貴所御異見に任せ候（あなたの意見に従った）」とあるが、案外彼は復帰と引き換えに上田金山の収益の配分をこの義兄に同意させたのではないか。「あなたの言うとおり復帰したのだから、私の財政に協力するのは当然でしょ？」ということだ。

そして、この出奔騒動に連動して起こった重臣・大熊朝秀の寝返り事件にも注目したい。朝秀は上杉家の公銭方《こうせんかた》、現代でいえば会社の財務担当重役にあたる。それがこともあろうに裏切って謙信最大のライバル・武田信玄方についたのだから、大ごとだ。なにしろ上杉家の財政事情がすべて信玄の知るところとなってしまったのだから。

彼がなぜそんな挙に出たのかというと、謙信の出奔の原因となった重臣同士の土地争いに巻き込まれたからだともいうが、「春日山城内惣在金目録」を見るとそれとは別の理由というのも見えてくる。

それが「利平之金」なのだ。財務担当の朝秀は父の政秀とともにこの高利貸しの運用をおこなっていたという。とすれば、高い利息を強制的に回収される家臣団や町人のうらみはすべて彼に集中する。彼らから「朝秀を処分して欲しい」と突き上げられた謙信は、朝秀を罷免《ひめん》すれば上杉家は破産すると困り果て、ついに逃げ出してしまった、という〝出奔〟の筋書きだ。

残された朝秀は上杉家に居場所がなくなり、信玄に助けを求める。謙信は財政破綻の危険性をアピールして政景に金山についての譲歩を約束させて、朝秀のことなど忘れたかのように越後に戻ってくる。どうだろう、つじつまはピタリと合うではないか。

しかし、その後も上田金山の黄金は春日山城を潤すことはなかった。永禄7年（1564年）政景は謙信の軍師といわれる宇佐美定満とともに謎の水死を遂げるのだが、これはなんとか上田金山を我が物にしたかった謙信が邪魔な政景を始末したのではないか、などと想像してしまう。

邪推と言われるかもしれないが、この3年前に凶作が起こり、上杉家は農民救済のために徳政（借金帳消し）をおこなっている。加えて、有名な第四次川中島合戦で莫大な戦費がかかり、その後も関東に何度も遠征して持ち出しを重ねた上杉家の財政事情は逼迫《ひっぱく》していたはずだ。それに、政景と同じ頃にその長男・義景も死に、次男の景勝が春日山城に入らされているなど、状況としては怪しすぎる。

すこし飛躍が過ぎたかも知れない。だが、謙信の上杉家が総じて苦しい台所事情にあったのは確かなようで、謙信が毎年のように農閑期に関東へ遠征したのも、配下の兵たちに乱取《らんどり》（略奪）をおこなわせて収穫期までの食い扶持《ぶち》を確保させるためだったという。

この乱取では、物だけでなく人も拉致して、あとで人質交換や奴隷商人に売ったりした。その値段は不明だが、ほかの時代や国の例では10代の娘で2貫200文、5年の期限で1貫文、８００文などと相場にかなり幅がある（数万〜20万円程度）。上杉家の人売りの場合は足下を見られて安く買いたたかれたこともあったろうか。

何とか収入を確保したい謙信は永禄10年（１５６７年）、武田信玄と決裂した駿河の今川氏真《うじざね》（義元の子）がおこなった「塩留め」（塩の流通停止）に着目する。彼が「我々は弓矢で戦うのであって、塩で戦うものではない」と信玄に申し送って塩を送り、感謝されたという有名な話はこのときのものだ（『鶴城叢談』）。

しかし、この年の塩の価格は1斗あたり銭１６７文と前後を通じて最高レベル。競争相手の駿河の塩が抜けた中でせっかくの儲けのチャンスをみすみす失いたくなかっただけかも知れない。案外、上杉家は自転車操業だったのではないだろうか。

スタディ6　毛利元就借金を重ねた投資で大企業にのし上がる之事

戦国時代には世の中に流出せずじまいでお金を死蔵させてしまった例がある。いわゆる「埋蔵金伝説」だ。

豊臣秀吉、武田信玄、明智光秀など多くの有名な武将に「隠された財宝」の伝承が残るが、本章の主人公・毛利元就《もとなり》にもしっかり埋蔵金の噂がある。元就の子孫の方がご住職をつとめるお寺に残る言い伝えでは——いや、この本は「マネー術」であって「マネー掘り」ではないから、これ以上はやめておこう。問題は、この噂が本当なら元就はなぜそんなにお金を貯め込んだままにしたのか、という点だ。

毛利元就が生まれたのは、明応6年（1497年）。父の毛利弘元は安芸《あき》（現在の広島県西部）の小領主に過ぎず、その上に母と父が相次いで亡くなると、分家だった元就にはわずか300貫（＝600石）の領地しか回って来なかった。300貫は年間で金75両（現代なら1000万円未満）の収入しかなく、そこから家来たちも養わなくてはならない。江戸時代なら13人ほどの家来しか持たない下位の旗本といったところで、これだけでも充分「貧乏」なのに、さらにそれすらも後見役だった重臣・井上元盛にかすめ取られてしまい、相当悲惨な生活を送った。

その後、本家の兄・甥が次々と亡くなったことで大永3年（1523年）に元就が27歳で家督を継ぎ、吉田《よしだ》郡山《こおりやま》城主となる。しかし、その時の収入は年3000貫。当初の10倍ではあっても、これでもまだ大名格には届かない高級旗本クラスだ。

そのうえ、安芸国は山陰地方の大大名・尼子経久《あまごつねひさ》と周防・長門の名門である大内義興との勢力争いにまきこまれ、毛利家中も大混乱。年貢がすべて順調に入ってくるはずもなく、経久に命じられてあちらこちらと転戦する費用もかさみ、苦しい時代は続く。

この状況に変化が生じるのは、尼子氏と断交して大内家に寝返った大永5年（1525年）のことだ。元就は安芸と石見《いわみ》（現在の島根県西部）に領地を持つ高橋氏を滅ぼし、宍戸氏・熊谷氏ら有力国衆と結んで一躍安芸の大勢力へと成長していく。

天文2年（1533年）には大内義隆（義興の子）を通じて京の朝廷に銭4000疋《ひき》を献金して従五位下右馬頭《じゅごいのげうまのかみ》の位官を得ているが、これは勢力拡大にともない裏付けとなる権威が必要となったからで、銭4000疋というと40貫、3000万円前後の計算だ。この頃には臨時支出もできるようになっていたのだろう。

元就はこの後天文9年（1540年）に吉田郡山城で経久の孫・晴久の大軍を相手に籠城戦で大勝利を収め、2年後から始まる晴久の本拠・出雲月山富田《いずもがっさんとだ》城攻めでは逆に大敗北を喫するなど生き残りをかけた厳しい戦いを繰り返すことになる。そんな中で元就はこんな激しい言葉を発している。

「今後は大内家から義務を怠っていると責められることがあっても、一切取り合わない」。

義隆からの度重なる負担に悲鳴をあげたのだ。どうも、毛利家の台所は相変わらず火の車だったらしい。その証拠に、天文19年（1550年）以前、毛利家重臣・志道広良《しじひろよし》は元就にこう進言している。

「何度も申し上げておりますが、井上元景が代官をつとめる土地の未納年貢100俵を取り立てて福永豊後守からの借米の返済に充《あ》てれば、年内にまた福永から300、400、500俵と借りることができるでしょう」。

井上元景というのは因縁深い元盛の弟なのだが、彼が滞納している年貢で福永からの借米を返し、今年の年貢を担保に福永から新たに前借りしようという算段である。借金を返してさらに多く借金しようとは、まさに自転車操業、雪だるま式に借金が増えていく悪循環ではないか。これでは元就が悲鳴をあげるのも無理はない。

そして問題は、それだけではなかった。〝何度も〟と広良が言うように、元景が年貢を納めないのはどうも常態化していたようだ。

井上一族は当主の元兼（元景の甥）が郡山城下の三日市で商人から通行税をとる権利を持

つなど、経済特権を独占し、その財力を背景に依然として主君の元就を軽んじていたのだ。

ここに至って元就は決意を固める。「尼子といい大内といい、大勢力に従っていても毛利家は搾取されるだけだ。独立するのが最も良い。それにはわが家中を固めることが先決！」

こうして彼はまず天文19年7月13日、井上元兼一族をことごとく誅滅《ちゅうめつ》してしまう。その罪状は、「税金を納めなかった」「他人の領地を横領した」というものだった。元盛や元景の行状を見ると、これは元就のいつわらざる本心だろう。

これで元就は領内の利権を握ることに成功。また、この直後に彼は家臣団から忠誠を誓う「起請文《きしょうもん》」をとり、家中の結束も固めた。

天文20年（1551年）、大内家の重臣・陶晴賢《すえはるかた》が義隆に反旗をひるがえし、義隆は自害。元就はあらかじめ晴賢としめしあわせていたのだが、のちに晴賢に敵対して弘治元年（1555年）の厳島の戦いで陶軍を撃破した。

周防・長門も手に入れた元就は、永禄9年（1566年）に尼子義久（晴久の子）の月山富田城も開城降伏させ、ついに中国地方8ヵ国、200万石といわれる大領土を獲得することとなる。

最初の300貫からくらべると、実に3333倍。驚異の爆発的上昇率だ！　自転車操業で戦を続けたのがようやく実を結び、中小企業に過ぎなかった毛利家が大企業へと上り詰めた瞬間だった。

とは言っても、元就は相変わらず懐の中身を心配していた。永禄5年（1562年）の夏、ある経費を捻出しなければならなくなった元就は「秋の段銭《たんせん》で払おうと思ったら、すでに3分の1は前借り分の返済に回っており、残り3分の2も来年の春の段銭で返さなければならない。仕方ないから、その残りで払う」と嘆いている。

段銭というのは田1反あたりいくらと掛ける税金なのだが、春秋の年2回徴収するうち、大部分が前借りの返済に回されていたというのだから、井上一族誅滅前と同じように不如意なことに大差ない。

では、彼はどんな人間から金を借りていたのだろう。先に紹介した福永豊後守というのはその名乗りからして毛利家に金を融通することによって家臣格に引き立てられた金持ちなのだろうけれども、もうひとり、ちょうどこの頃に元就が孫の輝元と連名で河野徳寿という人物に「倉本《くらもと》等の事、定め置く」と文書を出している。この倉本というのは年貢米を預かって管理し、運用して利潤をあげる資本家だ。そう、ちょうど江戸時代の蔵元のような存在である。

元就はこの文書の中で「先年もお金のことでお願いをし、無理をきいてもらったことは忘れていない」と感謝しているぐらいだから、毛利家の財政はこの倉本無しでは立ちゆかなくなっていたのだろう。

こうして元就の貧乏性は、骨の髄まで染みこんでしまった。最終的に中国地方8ヵ国の覇王にまで成り上がってしまえば金回りも良くなったはずだが、もともとが国衆の出だったために家臣たちの多くはあとから付き従った元同格。「さのみよくは存じ候わぬ者のみあるべく候」（毛利家のことをそれほど良く思っていない者ばかりだ）と元就も案じたほどである。

血のにじむ努力のすえ築いた大組織は潰したくないし、艱難辛苦のあげく貯め込んだお金は使いたくないもの。

そのうえに本人も「家屋敷や遊興、女性に浪費するのは先祖への大不孝である」と諭すほどの節約家ぶり（『吉田物語』）。これではお金が死蔵されたままとなり、埋蔵金伝説が生まれるのも無理はないではないか。

虎の子の石見銀山を〝賄賂〟につかう

毛利元就のスタートは貧乏な小土豪だった。その台所は火の車で、勢力が拡大した後でも「節約のため近習衆まで夏は草葉でかんたんに染めた単衣《ひとえ》で済ませていたから、城下の者まで〝城に登る時は遠慮して単衣を着て行こう〟と言い合った」と伝わるほどだったという（『吉田めぐり』）。

実際、大内氏の旧領を併合し終わって出雲（現在の島根県東部）侵攻を翌年にひかえた永禄4年（1561年）の段階でも、元就は「京への献金が滞っており、1000貫文の土地を差し上げると約束し、今年はまず500石を献上すると言っていたのも実行できていない。2000石は毛利家で用意し、残り300石は吉川元春（元就次男）と小早川隆景（同三男）に都合させよう」などと資金面で苦心惨憺している。

そこまで京の朝廷や幕府に貢がなくてもよいような気もするが、成り上がりの元就にとっては権威の裏付けが無くてはならない。いわば必要経費といったところだ。出雲侵攻は1年の長丁場となり、3万5000人という大軍で遠征したから、兵の食糧だけでも米7万7000石＝銭11万貫文弱（100億円弱というところか）が見込まれる。そんな状況下ではなかなか接待交際費まで手がまわらないのも当たり前なのである。

そんな元就が、やっとの思いで出雲の尼子氏を滅ぼした直後の永禄10年（1567年）2月9日、京の名医・曲直瀬道三《まなせどうさん》が元就に次のような内容の意見書を提出している。

「元就様の天下無双の武威で山陰・山陽地方をことごとく支配されましたが、民をいたわるご様子は見受けられません。それでは長持ちはしないでしょう」。

道三は元就の病気の治療のためたびたび中国地方に下っていたのだが、彼の博識を買った元就から「わしの体だけでなく、領国経営も診断してくれ」と頼まれたのだろう。元就は3ヵ月前に長年の宿敵・出雲尼子家を滅ぼし得意の絶頂だったが、すでにそれをどうやって長持ちさせるかに意識はいっていたようだ。

もちろん慎重で用意周到な元就のこと、道三に忠告されるまでもなく本人もこの年「毛利家が衰退して領国が他人の物になるのは嫌だ」と家臣宛てに書いているほどだから、すでに手は打っていた。

3年前の永禄7年（1564年）、元就の奉行衆は赤間《あかま》関・肥中《ひじゅう》関・通《かよい》関・須佐《すさ》関・温《ゆ》泉津《のつ》関に対し、ある家来の持ち船3艘《そう》の通航税のうち、年1回1艘分を免除するようにと指示している。3艘の商船がどれぐらいの頻度で日本海側を航行していたかは分からないけれど、そのうち1艘分、しかも年1回だけの免税とはさすがケチな元就！

――という話は措《お》くとして、赤間関というのは現在の下関で、以下現在の島根県大田市の温泉津まで、日本海沿いの長門国（現在の山口県西部）、石見国のめぼしい港湾に配置されていた海の関所だ。つまり、元就は奉行衆を通じてこれらの港湾を直接支配していたということになる。

それだけではなく、石見の浜田湊・出雲の美保関、杵築《きづき》浦、宇龍浦も次男の吉川元春を通じ一門で掌握し、瀬戸内海側でも2年後の永禄12年（1569年）に四男の穂井田元清《ほいだもときよ》が厳島一帯を支配していた。道三が意見書を提出した永禄10年には、三男の小早川隆景が、三原湾を押さえる砦《とりで》を本格的な城に拡張改修する工事に取りかかっている。

つまり、日本海と瀬戸内海の流通ネットワークをすべて一門の管理下において、交易の利益が直接毛利家に入ってくるようにしたのだ。ちなみに赤間関の税収は年500貫文で、現在の金額にするとおおよそ4000万円前後。堺の商人が瀬戸内の村上水軍に支払った礼銭の額が年間15億円前後というから、毛利家の領地の沿岸全体でどれだけ多くの税収があったか推測するのもおもしろい。領国内の港湾を押さえることで、こうした収入があちこちから自動的に集まってくるのだから財政の安定化に果たす役割は大きい。

だが、それよりも元就の財布を膨らませてくれたものがある。それが銀山だった。石見の大森銀山は一般に石見銀山と呼ばれ、元就が尼子氏とのはげしい争奪戦の末、永禄5年（1562年）にその支配権を確保した銀山だ。元就は、これも元春に管理させて鉱夫を送り込み、増産に力を入れる。

かつて重臣の志道広良は「毛利家の管理下の場所で出入りの商人から、たか荷ひとつ当り120文の税をとるが、それ以外にもあちこちで地元の領主が勝手に徴税している。これはもってのほかで、商人が出入りしなくなってしまうではないか」と嘆いた。

〝たか荷（高荷）〟は馬の背に高く積み上げた荷。米や銭をこれで運び入れ運び出していたのだが、元就の監視が及ばないところで個々の土豪が商人を搾取する事態が起きていたのだ。

元が安芸の小勢力だった元就には、同じ土豪仲間だった家臣たちを押さえ込む力が当時はまだ備わっていなかったからしかたない。しかしそんなことが続けば、より広大となった領地はすぐに空中分解してしまうだろう。

吉川家による銀山管理は、港湾の支配と同様に銀山でもそういう事態が起きないよう、中間層の既得権益を封じ込めてしまおうという元就の意志の表れだった。

この少し後、戦国時代の末から安土桃山、江戸時代の初めにかけて、日本の銀は産出のピークを迎え海外へ流れ出る。その量は世界の3分の1を占めて、当時世界一の大国だったスペインの需要をほぼ満たすほどだった。中でも石見銀山は日本全体の産銀量の20％近く、年間1万貫にのぼったというからすごい。現代の価値で125億円とも換算できる額だ。

あふれんばかりに掘り出される銀の量に圧倒されたポルトガル人は「毛利は京までの道を銀で敷き、徳川は米で敷く」と驚嘆し、江戸時代の「東の金遣い、西の銀遣い」（江戸では金貨本位、大坂では銀貨本位の2大通貨制）へとつながっていくことになる。元就は銀山の直接支配と増産でこの世界的な経済の動きのさきがけとなったのだ。

ところが、元就は尼子氏との死闘でやっと手に入れた、この虎の子の銀山について不可解な動きをみせる。永禄6年（1563年）1月27日、彼は朝廷と幕府に銀山の収入を半分ずつ献上すると申し入れたのだ。

「安芸の毛利、白金の山掘り致し候を、武家（将軍）と、この御所（朝廷）へと、二に分けて、御両御所に付せられ候由」（『御湯殿の上の日記』）。翌年、その約束通り、まず「金五枚、白金五十枚」が朝廷へと届けられた。いったいなぜ貴重な銀を朝廷と幕府へ献上しなければならないのだろうか？

　権威付けのために朝廷や幕府が必要だったというのはもう書いたが、どうもそのあたり、元就さんの事情は複雑だったようだ。ひとつは銀を朝廷と幕府に献上することによって毛利家自身は銀山の代官のような立場となり、銀山を狙う敵が現れたり、家臣たちが銀山の権益に食い込もうとした場合「朝敵」として討つ大義名分に利用できるという理由もあっただろう。

　そしてもうひとつ、これが重要なのだが、元就は敵の分まで朝廷や幕府にサービスしなければならなかったのではないか、という可能性がある。永禄5年（1562年）11月7日、元就が出雲侵攻を計画していることを知った京の室町幕府将軍・足利義輝は、元就に出雲侵攻中止を命じている。

「尼子事、数年京儀粗略無し」。

　尼子は何年にもわたって京に献金をおこない、尽くしてくれている、というのだ。それにもかかわらず尼子を討つなど怪しからん、と責める義輝の命令を無視して元就は尼子氏を滅ぼした。その結果、尼子氏の分も京に奉仕しなければ大義が立たない羽目になったという流れである。これが織田信長であれば将軍の言い分などスルーしてしまうのだろうが、元就は良くも悪くもひと世代前の人間だった、ということだろう。

まぁそれでも、毎年正月には譜代衆・外様衆の端々まで元就みずから燗酒を注《つ》いで振る舞うとともに、「にき（ぎ）り銭」というサービスをおこなっている。おそらくひと握りずつの銭を分配するという「銭賦《ぜにくば》り」だろう。彼が打った施策によって安定収入を得たからこそ、必要なときにはそういう大盤振る舞いもできるようになったのである。それはまた、道三がアドバイスした「民をいたわる」ことにもつながったのだろう。

スタディ7　豊臣秀吉が仕掛けた罠之事

日本史上空前絶後の出世を遂げた男、豊臣秀吉。『信長公記』の筆者として知られる太田牛一は、リアルタイムで秀吉にも接して『太閤軍記』（現在残っているのはその一部）を著した。

その冒頭にいわく、

「太閤秀吉公が御出世されて以来、日本国々に金銀が山からも野からも湧き出し、今はどんな下賤の者でも金銀を多く持っている」。

秀吉の天下取りと歩調を合わせるように全国の金山銀山が飛躍的に増産しはじめた事を称賛する文章だが、もちろん秀吉も最初から金回りが良かったわけではなかった。

尾張国中村（現在の愛知県名古屋市中村区）出身の秀吉は、天文20年（1551年）に父の遺産の永楽銭1貫を元手にして木綿針の行商に出たという。1貫は当時の高級酒が1升瓶で50本は買える金額で、この年の米の値段で計算するとこれは現在の7万5000円程度に換算できる。少年の開業資金としては妥当なところだろうか。

織田信長に仕えたあとには、刀の付属品を盗んだと疑われて、商業都市・津島の豪商たちに黄金10両（300万円近い大金だ！）を賞金に盗人の捕縛を依頼したという話も、商人や金銭と密接な関係を持っていた秀吉にふさわしい。

もっとも、以上の話はすべて伝説に過ぎない。実際の秀吉は、ある程度織田家での地位があがって来た時期ですら、彼の知行地（年貢を徴収できる土地）の管理をしていたと思われる同僚に、「年貢の内から銭を1貫だけでよいから送って下さい。待ってます」と懇願するほど財布が軽い事もあった。

そんな彼も、さらに身分があがって、名字を木下から羽柴へ改め、近江長浜（現在の滋賀県長浜市）の城主となり一手の大将ともなると、かなり台所も豊かになり、財テクする余裕も出て来たらしい。いや、財テクは出世競争の激しい織田軍団のなかでは必須だったか。

秀吉は、織田信長が戦国最強とも言われた武田勝頼率いる武田騎馬隊を破った長篠合戦がおきた天正3年（1575年）、家来に宛てて「お前のところの米で金銀が安く買えれば購入しておけ」と指示しているのが、それだ。あくまでも「安く」というのがミソで、相場を読み、交渉術を駆使して備蓄してある米と金銀の取引をできるかぎり有利におこなう。それができなければ、羽柴家の家臣としては失格なのだ。現代のビジネスシーンさながらの情景が想像できるではないか。

同じ頃、彼は堺の茶人で信長の茶頭《さどう》（茶の湯の世話をする係）でもあった千利休に「お預けしていた革袋入りの金子《きんす》を、たしかに受け取りました。長々とお手数をおかけしました」

と書き送っている。

納屋《なや》（倉庫業）を営む商人でもあった利休に資産運用を依頼していたのだ。のちに利休は天下人となった秀吉の側近筆頭となるが、この頃からすでにファイナンシャルプランナーとして秀吉の信頼を得ていた事が分かる。

忙しいなかにあってても有利な投資のためにつねにアンテナを張り、家来や知人まで利用しつくす。それが秀吉流の財テク術だった。

ちょうどこの頃、秀吉は信長から中国地方の攻略の司令官に任命されていた。かつて1貫の銭にも困った男が、今や押しも押されもしない織田家の軍団長だ。こうなってくると、財テクの規模も一層スケールが大きくなってくる。

天正8年（1580年）、播磨国（現在の兵庫県南西部）三木城が陥落した。有名な「三木の干殺し」と言われる秀吉の兵糧攻めが成功したのだが、その数ヵ月後、彼は出入りの兵庫の商人に「明石（三木の南。現在の兵庫県明石市）での貸付金は、元利の精算を済ませたうえで、そのまま置いておけ。お前の金貸しや担保にとった品は、徳政令を出した場合でもその対象外とするから安心しろ」と指示している。

三木城陥落当日に出した徳政のように、戦争からの復興のために地元の人々の借金や税の滞納分を帳消しにする場合でも、秀吉の息のかかった者の貸した金はその対象から外したのだ。特権を与えられた商人は、占領地で有利に金融や商品取引などの営業に励む。彼らから金を借りた地元の人々は、首枷を付けられたも同然、武力だけでなく金でもがんじがらめに縛り付けられてしまう。

そして、秀吉みずからは新たな占領地の支配をスムーズに進めるとともに、御用商人に指示してそれまで金融で儲けた資金をいったん精算してストックさせ、次の軍事行動に投資させる。そのうえ、彼らから献上されるマージンでも潤う事になるのだからまさに一石二鳥、究極のビジネスモデルではないか。

翌天正9年（1581年）、秀吉は軍勢を因幡国（現在の鳥取県東部）に進めた。毛利方が守る鳥取城を攻めるためだ。

結論から言うと、6月25日から秀吉軍によって包囲された鳥取城は、わずか4ヵ月で降伏する。このスピード決着には裏があった。秀吉はあらかじめ商人に命じて城下で米や雑穀を買い占めさせておいたのだ。毛利家の軍記『陰徳記』には「日頃より一倍、あるいは二層倍高値に買わせられ」とある。当時の「一倍」は現在の2倍、「二倍」は3倍の事だから、秀吉は通常相場の2倍、3倍の値段で買い取るように指示した事がわかる。

この高値を見て、秀吉の差し金とも知らずに城の将兵は「思いがけぬ金儲けの機会ではないか」と喜び兵糧米を運びだして売ってしまったからたまらない。いざ秀吉軍2万人が到着した時には、城の兵糧は2ヵ月分しか残っていなかったという。

三木城の包囲戦で2年かかったのに懲りた秀吉の頭脳プレーによって、城内の兵と非戦闘員4000人はたちまち飢餓地獄に陥り、抵抗らしい抵抗をする事もできず開城する事になる。

このとき秀吉は買い占めにどれぐらいの金額を投入したのだろう。

一説には買い占め量は数百石に及んだという。これを米だけの分とすると、直近の米価は1石（1000合）＝0・5貫だったから、200貫ほどかかっている。現在の米価をあてはめると約2000万円といったところか。これによって、1日の配給量をひとり2合に制限すれば3ヵ月以上しのげる分量の食糧がまんまと秀吉方によって押さえられてしまった。

この戦術について、秀吉は自分で「人を切るのは嫌いだから」と自慢したが、「鳥取の飢《かつ》え殺し」として歴史に残る戦いは無数の餓死者を出して終わった。秀吉は時間を金銭で買ったのだ。

さて、三木城攻めや鳥取城攻めのただなかで秀吉はこういう命令も出している。

「大豆・米の在庫残は8月までにすべて売り払え」。

日付は7月8日、年は天正7〜9年（1579〜1581年）あたりかというものだが、これはどういう意味を持つのだろうか？

この数年をながめてみると、大きな天災や悪天候は発生せず飢饉が起きていない事がわかる。という事は、秀吉はギリギリの夏場まで田畑の作柄を見極め、凶作にならないと確かめたうえで手持ちの米・大豆を売り切ってしまえと指示したと考えられるのだ。

そのまま秋の収穫を迎えれば、相場は下がる。それを見越して少しでも高く売れる間に利益確定してしまおうという、実に理にかなった判断ではないか。むろん、凶作になれば法外な値で売るのが前提だった。これでなくては金は貯まらない。

よく秀吉は「強運の持ち主」と評され、主君の信長も「大気者《たいきもの》（度量が大きく気前が良い男）」と褒めた記録が残っているが、その実像は細かいところまで目を配り、時機を逃さず最良の判断を下して資本を地道に増やしていこうとする、やり手経営者だったのだ。

秀吉はちょうど高松城攻めが始まる頃、小者4人に米1石ずつを貸し出すよう、部下に命じている。そして、城攻めが終わった直後にもまた、中間小者163人に米5斗（2分の1

石）ずつの貸し出しを手配している。合戦で何かと物入りな下っ端の救済策だったのだろうが、「合計81石5斗を貸し与えよ。但しひとり当たり5斗ずつだぞ」という秀吉の指示は細か過ぎる気もする。１６３人に81石5斗なら、１人5斗ずつになるのは簡単な計算で分かりそうなものではないか。

巧みに相場を読み、一見細かすぎるようにも思える指示で相場を操縦し、戦いを有利に進める秀吉。相場師にはこういう細かさこそが必要なのかも知れない。

信長の仇討ちに臨時ボーナス６ヵ月分

バブル時代やＩＴバブル時代にはよく臨時ボーナスという言葉を聞いた。業績が良い会社が全社で大パーティを開催し、そこで「社員みんなに利益を還元する！」と宣言して１００万円などの金額の一律支給を発表、会場は「ウオーッ！」と興奮のるつぼと化す、といった場面もあった、らしい。残念ながら筆者にはそういう経験は無いが。いや実際そんな所に勤めていた社員さんたちは、さぞやモチベーションが上がった事だろう。

戦国時代、それをすでにやった人物が、本章の主人公で史上有数の成り上がり男・豊臣秀吉だった。

天正10年（1582年）5月7日から始まった備中国（現在の岡山県西部）高松城攻めで、秀吉は半月足らずで長さ4キロメートル、高さ8メートルの巨大堤防を築き、高松城は水没した。

堤防に使う土俵1個につき銭100文と米1升を支払うという触れを近在にまわし、結果、この堤防には銭63万5000貫あまりと米6万3500石あまりが投入されたと『武将感状記』（江戸時代中期に編まれた逸話集）にある。この年の米の値段をもとに1貫を現在価値になおして9万円とすると、およそ600億円ほどとなる。少し金額が大きすぎるが、話半分としても巨額の投資だったことは間違いない。

5月20日、堤防は見事に完成した。おりから季節は梅雨。あっという間に城内は水に浸かり、一帯は湖のようになった。あとは高みの見物を決め込んで主君・織田信長の出陣を仰ぎ、毛利軍を一気に粉砕するだけだった。

ところが。6月2日未明、京・本能寺に宿泊した信長が、重臣の明智光秀に急襲され命を落とすという一大事が勃発する。「本能寺の変」だ。それを知った秀吉は、ただちに毛利軍と講和して軍勢を東に反転させた。「中国大返し」と呼ばれる強行軍で、6日（諸説あり）

に高松城から兵をひいた秀吉軍2万人は、岡山城の東の沼城で1泊し、翌日70キロメートルを1日で走破して姫路城に帰り着いた。

ここで秀吉は兵たちを帰宅させて休息させようとしたが、軍師の黒田官兵衛孝高《よしたか》が待ったをかける。

「家に帰すのは時間の無駄です。家族の顔を見てしまえば出撃するのをためらう者も出て参りましょう」

これを聞いた秀吉、もっともと思い官兵衛の手配通りに軍勢を姫路城下の河原に野営させた。といっても、駆り出した町人たちが炊き出しをおこない、存分に食事を与えられた兵たちはみるみる体力を回復していく。大移動をおこなった兵たちに福利厚生面で報いた訳だ。

それだけではない。次に秀吉がとった「第2の矢」に兵たちは狂喜し、河原は大歓声に包まれる事になる。それが「臨時ボーナス」だった。彼は姫路城の米蔵と金蔵の備蓄米と金銀を全部兵たちに分配してしまったのだ。金銀の額は金子《きんす》800枚余り、銀子《ぎんす》750貫目で、米の量は8万5000石ほどだったという(『川角太閤記』)。

金子とは黄金の大判1枚=小判10枚にあたると考えればよい。銀は重さで取り引きしたり枚数で取り引きしたりと、史料の記録がまちまちなのでややこしいのだが、銀子1枚=重さ約161グラムの銀、と考えればよい。これは現行の500円硬貨23枚分と、ずっしり重い。1貫は1000匁《もんめ》（3750グラム）にあたり、750貫の銀は銀子1万7469枚ほどに換算できる。

この年は金子1枚に対し米は42石が買え、銀子1枚で同じく5・2石が買えた。金子800枚余りは15億1200万円、銀子750貫目は40億8774万円、合計すると約56億円になる！

米もすごい量だ。8万5000石は1万2750トン。さきほどの米価を当てはめると米だけでも38億2500万円となる。金銀と米を秀吉の軍勢2万人で平等に分けても、1人当たり47万円だ。米について秀吉は、家来それぞれの給与の6倍程度になるように分配したという。臨時ボーナスで給与6ヵ月分がドカンと通達されて興奮しない人間はいない。

「これから信長様の仇をうつ大いくさに向かう！」と宣言している秀吉だが、それとともに周囲には「大博打をうって見せてやる」と洩らしていた。

大博打とは、言うまでもなく天下取りの事だ。いちはやく信長の仇・明智光秀を討ち取り、秀吉が天下を取れば、家来たちも、兵は将に、将は大名に成り上がるのも夢ではない。大金とともに大いなる夢をも共有した秀吉軍は、熱狂とともに上洛し、6月13日京の南で明智軍と激突し光秀を敗死させる。秀吉の大盤振る舞いが生んだ勢いが、光秀を圧倒したのだった。

このあと秀吉は織田家の跡継ぎを決めるために織田家重臣が集まった清洲会議で織田家の運営の実権を握り、翌天正11年（1583年）4月21日、賤ヶ岳の戦いで織田家の筆頭重臣・柴田勝家を撃破。四国征伐、九州征伐、小田原征伐、奥羽平定と順調に勝利をかさねて、天正18年（1590年）ついに天下統一を達成する。

前に紹介した「金銀が山からも野からも湧き出し」という日本各地のゴールドラッシュは、この頃ピークを迎えた。

秀吉が天下を取った事によって日本全国の金山・銀山で採鉱された金銀も税として大坂城へと運ばれて行く。それがどれほどの量だったのか、「慶長三年蔵納《くらおさめ》目録」という史料が残っているので見てみよう。

全国の金山からは3391枚の金子、そして銀山からは74貫202匁の銀が、慶長3年（1598年）1年分として豊臣家の金蔵に納まっている。先にも述べたように金子1枚は大判1枚の事だから、こうして秀吉のもとには江戸時代の千両箱で34個分の金が毎年入って来たのだ。

そのうえ、秀吉は自然に転がり込んで来るこの金銀だけで満足してはいない。彼は全国各所の直轄領を管理する代官に指示して、その地域の産物が相場より安ければ秀吉の権威で独占的に買い上げ、相場が高い地域の直轄領に運ばせたうえで、そこでも独占的に売りさばいた（蔵入地政策）。言うならば絶対失敗しようのない商売。

秀吉はとにかく一般の「陽気で豪放」というイメージと違い、なんでも事こまかく把握して自分で指示しなければ気が済まない男だ。2017年の春に初めて公開された書状でも、伊賀で木材調達をしていた家臣の脇坂安治に対して9回も「材木送れ」「材木運送がはかばかしくないのはけしからん」と書き送るほど容赦なく微に入り細をうがって命令している。

そんな男が、絶対成功するビジネスモデルを運営するのだから、儲かってしょうがない。利益がガバガバ秀吉の懐に入って来る。

こうして豊臣家のものとなった金銀は、秀吉の道楽にも使われた。道楽というのは聚楽《じゅらく》第《てい》、伏見城、方広寺などのハコモノ事業を指すのだが、秀吉と全国の大名が消費した金銀は天文学的な額にのぼるだろう。

その結果、空前の規模の金銀が世間に流通する事になった。全国規模で物資の独占買い付け・独占販売がおこなわれて価格が操作され、金銀の流通量が爆発的に増える。この2条件が揃うとどうなるか。起こるのはインフレだ。

この時代の銭は中国から輸入されたものが使われていたが、公式な貿易の途絶や倭寇鎮圧で新たな銭貨は常に不足気味だった。混乱の第一歩は銭の価値が上がることから始まる。銭が上がって相対的に銀が下がったことで銀決済メインの体制だった当時の経済に大混乱が生じた。

こうなると上がったはずの銭の価値までが混乱に巻き込まれて下落し、天正2年（1574年）から天正18年（1590年）の17年の間に、銭1貫で買える米の量は4分の1近くに減ってしまった。ただでさえインフレによって金銀の価値が下がった上、上がるはずの銭までインフレの波に飲み込まれていく。経済の仕組みが壊れていく様子が目に見えるようではないか。

秀吉が「太閤検地」を実施して全国の田の生産量を貫高（土地の生産力を銭で表す）から石高（土地の生産力を米の量そのもので表す）に大転換したのも、豊臣ビジネスモデルを適用するため、他国と統一の基準を設けて、他国へ米を回送販売できるようにシフトするとともに、銭に頼らないシステムが必要になったためだとも言えるだろう。

秀吉が文禄の役・慶長の役を起こしたのは、朝鮮半島を経由して中国を征服するためではなく、その本当の目的は外征によって中国の銭貨を確保し、日本経済の混乱を建て直そうと考えたからではないかとさえ考えられるのだ。結果的にこの朝鮮出陣の失敗が、関ヶ原の戦いに結びついて豊臣家の滅亡のきっかけとなるのだから、秀吉のインフレ政策は自分の首を締めてしまった。

スタディ8　独眼竜政宗黄金外交之事

後世「独眼竜」と異名された奥州の暴れん坊、伊達政宗。

今から45年前の昭和49年（1974年）、仙台市内の政宗廟所・瑞鳳殿が発掘調査された。その折見つかった副葬品のなかに、黄金色のブローチがある。あるいはキリスト教徒が礼拝のときに用いるロザリオではないかともいうが、政宗はキリスト教に理解は示したものの、本人は信者ではない。ということは、純粋にこのデザインや色がお気に入りで墓の中まで持って行ったのだろう。

いや、政宗だけが黄金好きで黄金と密接に結びついていたわけではない。彼の家系は、代々黄金抜きでは語れないのだ。

伊達家といえば古くから陸奥国伊達郡（現在の福島県伊達市及び伊達郡）に勢力を張った名家。そして、陸奥国といえば源平の戦いの時代、奥州に逃れようとする牛若丸（のちの源義経）を「金売吉次《かねうりきちじ》」が黄金を買い付けに訪れるついでに京から連れて行ったエピソードが有名だ。当時、陸奥は奥州藤原氏が全盛で、中尊寺金色堂などという金ピカの建物に代表されるように、豊富に採れる砂金を背景にした平泉独自の文化が栄えていた。

伊達家の故郷・伊達郡は、この平泉（岩手県西磐井郡）からはるか南だが、この地も黄金の産出量では平泉に負けていなかった。なにせ伊達家には「金山《かねやま》」という地名の領地があり、「砂金《いさご》」という名字の家臣までいたぐらい。「浜の真砂《まさご》は尽きるとも、世に盗人の種は尽きまじ」と嘯いたのは石川五右衛門だが、伊達領には浜の砂のように無限の砂金が湧いて出たのかも知れない。

伊達家12代の成宗《なりむね》は文明15年（１４８３年）に上洛し室町幕府８代将軍だった足利義政や夫人の日野富子以下の要人たちに砂金３８０両、銭５万７０００疋《ひき》をばらまいている（『成宗公御上洛之日記』）。この場合の「両」は小判ではなく重量単位で、６・４キログラムほどだった。

当時、砂金は１包が銭２万〜３万文だった記録がある。１包は10両だから、３８０両は38包となるので、成宗は黄金だけで76万〜１１４万文、つまり７６０貫〜１１４０貫分を持参した計算だ。これに銭５万７０００疋＝５７０貫を足して、１３３０〜１７１０貫。これを現在の価値で換算すると、５８００万〜７４００万円にものぼる。

このほかに馬や太刀も数多くばら撒くという成宗の大盤振る舞いぶりは、都の人々をも「贈答、はなはだ多し」と驚かせた（『伊達政宗家譜』）というが、それも無理は無い。今ならさしずめ、アラブの産油国の王族が来日し特需で沸くような騒ぎだったはずだ。

彼がなぜこんなバブリーなプレゼント攻勢をしたか。それは奥州一の実力者として幕府に認知されるためだった。奥州に君臨するのは幕府に奥州探題職を与えられた大崎氏だったが、成宗はそれを嫌って直接幕府に属する地位を確保しようとしたのだ。いうなれば孫会社が子会社を飛ばして親会社に直接収益金を上納するようなものだ。

彼の狙いは、孫の稙宗《たねむね》の代になって実現する。稙宗は永正14年（1517年）から大永2年（1522年）にかけて130両を将軍に献金。2019年2月の金相場で換算すると1000万円以上の値で彼が引き換えに手に入れたものは「陸奥国守護職」だった。奥州探題に対抗し、奥州に勢力を伸ばすにはこれ以上無い肩書だ。さらに弘治の末から永禄の初め（1558年頃）には、稙宗の子の晴宗がついに奥州探題職を手にする。伊達家積年の献金の成果である事は言うまでもないだろう。

こうして奥州に君臨する大義名分を得たところで登場するのが、17代目の政宗だった。ところが、だ。彼が父親の輝宗から家督を継いだ天正12年（1584年）は、室町幕府が織田信長に滅ぼされてからすでに11年が経っていた。ということは、幕府の役職としての「奥州探題」も消滅してしまったことになる。だが、政宗は「奥州探題」を自称し続けた。そりゃそうだろう、先祖代々黄金を京に貢ぎ続けて、やっと貰った肩書だもの。

「そうだ、本当に奥州を平定してしまえば〝奥州探題〟も自称じゃなく本物になるじゃん」

と政宗が言ったかは知らないが、その後の政宗は近隣の諸勢力を相手に八面六臂の大奮闘。

相馬・佐竹・最上ら、近隣の諸大名との戦いに勝ち抜いて伊達家最大の版図を築いていく。ところが。そんな政宗に、新たな時代の波が押し寄せた。豊臣秀吉の天下獲りである。

秀吉は「惣無事令《そうぶじれい》」と呼ばれる大名同士の勝手な合戦を禁止する命令を出したが、政宗はそれを無視して蘆名《あしな》氏の領地である陸奥会津地方に攻め込んだ。実は会津は檜原《ひばら》金山や高玉金山を擁する一大産金地帯。秀吉が天下統一を完了する前に、なにがなんでも奪って既成事実化しておかねば！　と政宗はしゃにむに戦争を仕掛けたのだ。

こうして政宗は天正17年（1589年）会津を支配下に収める。直後の天正18年（1590年）、秀吉は小田原の北条氏征伐のため大軍を関東に集結させるのだが、その時に政宗が遅参のお詫びとして死に装束で秀吉にまみえたのは有名な話だ。

だが、そこは政宗。ただお慈悲を乞いに行ったわけではない。彼は小田原参陣の2ヵ月余り前、こんな書状を送っている。

「このたびの関東ご遠征、当方も応援に出陣します。利家殿におとりなしのほど、よろしく。ほんの挨拶代わりとして黄金十両をお贈りします」。

加賀の大名で秀吉の旧友でもある前田利家の子・利長に、利家を通して秀吉に会津を含む領地の保証をしてもらおうとしている内容だ。政宗が黄金をワイロとして贈ったのは、おそらく利長だけでは無かっただろう。利家や、徳川家康ら豊臣政権の大物たち、奉行衆にもばら撒かれたと考える方が自然だ。

とはいえ、この黄金パワーをもってしても政宗は万全の成果は得られなかった。せっかく占領したばかりの会津を、「自分の許しを得ず勝手に奪った領地だ」と秀吉に取り上げられてしまったのだ。秀吉は政宗のもくろみなどお見通し、一枚上を行っていた。

こうして政宗は72万石の豊臣大名となり、会津は蒲生氏郷《がもううじさと》に与えられることに決まる。その使命は、北の政宗と南の徳川家康の監視だ。そんなことは分かりきっている政宗、ここである行動に出る。会津を引き渡す際、領内の金鉱を水没させてしまったというのだ。

この話は伝承に過ぎないのだが、実は後の慶長3年（1598年）に諸大名が豊臣家に納めた黄金の量のリスト（「伏見蔵納目録」）を見てみると、政宗は上杉景勝に次いで第2位の700枚、おおよそ14億円ほどを納めているのに対し、会津からは1両も運ばれていないことがわかる。どうやら政宗は本当に会津の金山を事故に見せかけて採掘不能にしたのかもしれない。

しかも、これはただ単に仮想敵の氏郷に金鉱を渡したくなかったというケチ根性ではなかったかもしれないのだ。「００７　ゴールドフィンガー」という懐かしのスパイアクション映画では、敵の親玉が米国の金を被曝させ手持ちの金を高騰させようと企んでいた。

これと同様に、会津の金の採掘をストップさせることで自分の手持ち及び今後産出される分の金の市場価値は騰がる、という筋書きを、彼は考えていたのかも知れない。実際、９年前に（その間の記録がない）金1両＝銭1貫だった相場が、この年には２貫と倍になっていることもあり、まんざらこの想像も非現実的とは言えないだろう。

さて、会津を失った政宗のその後だが、良くも悪くもエネルギッシュに行動している。天正19年（１５９１年）には北の葛西・大崎一揆を扇動したと疑いをかけられ、申し開きに金箔貼りの十字架を担いで上洛した。

ちなみにこれは薩摩の島津義久が秀吉に降伏する際に金貼りの磔《はりつけ》柱を担いで行ったというのをパクったものかも知れないが、黄金と言えば奥州、奥州と言えば伊達、というイメージもあって政宗のパフォーマンスだけが有名になってしまったのだろう。

金箔貼りの十字架で黄金国・奥州の力を改めてアピールした政宗は、からくも一揆扇動の嫌疑を免れるのだが、ここでも秀吉は一枚上手だった。その財力ならこれぐらいは、とばかり朝鮮の陣に東北大名としては異例の渡海を命じたのだ。しかも、ほかでは唯一の渡海東国大名となった秋田実季《さねすえ》が134人の人数だったのに対し、なんと伊達家はその10倍〜20倍の人数だったという。足利家には効果抜群だったワイロ外交が、豊臣秀吉には最後まで通じなかったようだ。

米で江戸っ子の胃袋をつかむ

黄金のパワーで東北を席巻し、会津の金山を狙って蘆名氏を討ち滅ぼした伊達政宗。だがその結果、豊臣秀吉から「勝手な戦をした」と咎《とが》められてせっかくの会津72万石を取り上げられてしまったのは紹介した通り。さらにその後、北方の葛西・大崎の一揆を扇動したという疑いについての懲罰も下され、政宗は岩出山58万石へと左遷される。

さぁ、これにはさすがの政宗も困り果てた。彼は豊臣家の取次役・浅野長政に「進退罷《まか》り成《な》らざる事」になる、と泣きついているが、これは単に石高が減るという以上に、新たな領地が戦災で荒れ果てて収入が見込めないこと、そして何よりも今まで伊達家のバックボーンとなって来た金山から引き離されるという恐怖でパニックになってしまったのだろう。

これに対し浅野家からは「葛西は金山が多いから」と慰めの言葉がかけられたが、まだ支配が徹底しない土地のことだから、「金の地子《じし》（税金）はわずかの事に候」とぼやきで返している。だが、いくらぼやいても仕方がない。

文禄３年（１５９４年）に彼が重臣の茂庭綱元《もにわつなもと》に宛てた手紙には、「黄金の産量が多くないとの事、想定内である。農民が逃散《ちょうさん》（集団で他領に逃亡するという抵抗手段）しないよう知恵を働かせ工夫せよ。黄金の運上《うんじょう》は1年で大体どれぐらいの額なら引き受けると採掘業者は言っているか、大体ヒアリングしたらすぐ早飛脚で知らせよ。こちらで検討する。この黄金の件は舵を取り違えれば身の破滅になるから、よくよく皆と相談せよ」などとある。

運上というのは金山の採掘業者が払う税のことで、その率をいくらに設定するか、３年前の領地替え以来、政宗は延々とその交渉を続けていたことになる。この間には朝鮮出陣（文禄の役）があり、政宗の軍勢は肥前名護屋に赴くため京の街をパレード。30騎の将たちは金の太刀を佩《は》いて虎皮・ヒョウ皮・クジャクの尾羽根などで飾った馬に乗り、金の半月の入った黒母衣《くろほろ》を背中に負う。３０００人の兵たちは前後に金の星を入れた黒塗りの具足、金色の尖った笠をかぶっていた。

この行進を見た人々はその絢爛ぶりに思わず大歓声をあげたという（『伊達治家《じけ》記録』）。そんな金ぴかのパフォーマンスの裏には人知れぬ努力があった。見えをはるのもなかなか大変。なんとも涙ぐましい話ではないか。

ちなみに、この費用がいくらかかったかについて考えてみると、３０００人あまりが２年近く京・名護屋・朝鮮・名護屋と遠征し続けるわけだから、米だけで考えても１万３１４０石が必要（ひとり１日６合で計算）となる。

なお、政宗は朝鮮では一粒の米も豊臣家からもらわず自前で通し、帰国する間際に支給を受けた、と述べているから、ざっとこの米の量をそのまま適用してもよいだろう。当時の米価は１石６２５文だから、８２１２貫文（６億円弱）の入用だ。これに野菜や魚、調味料の経費も加わり、それを運んで来る費用、さらに馬の食糧や武具のメンテナンス費も必要なことを考え合わせると、10億円以上はかかったのではないだろうか。

政宗の苦労は朝鮮出陣に限ったことではない。秀吉は豪壮な建築道楽の上に豪勢な遊びが大好きで、それを臣下の大名たちに負担させたり付き合わせたりするからそちらの経費もバカにならなかった。

文禄４年（１５９５年）３月、家臣たちに「太閤様が徳川家康の屋敷に御成《おなり》をされる。本当に際限もないことで、国許の家来たちにも苦労をかける。こちらの工事はなんとか年内には終わらせるつもりだが、皆の負担については引き続き配慮するから、先々何とか辛抱してくれ」と愚痴を書き送っている。工事というのは秀吉が当時諸大名に命じて急ピッチの建築を進めさせていた伏見城（指月《しげつ》伏見城）のことだろう。

ところが、だ。これほど秀吉に協力し貢献しても、政宗にはまだこれでもかとばかりに試練がやってくる。この年7月、秀吉の甥・関白秀次が謀反の疑いで粛清されると、政宗も秀次と親しかったから巻き添えに処刑されるという噂がたったのだ。

必死に無実を訴える政宗は「両目とも健康な秀吉様でさえ秀次の人物を見誤ったのだから、片眼の自分が見抜けないのは当たり前だ」（『武功雑記』）とまで抗弁してかろうじて死を免れたが、それでも秀吉は「政宗の子の兵五郎（のちの秀宗。秀吉の子の秀頼の遊び相手をつとめた）に伊達家を継がせて四国の伊予に転封しよう。政宗は遠流《おんる》にすべし」と言ったという（『藩翰譜』）。

奥州から四国へなど移ってしまえば、ようやく軌道に乗りつつある新領地の金山経営も水の泡だ。慌てた政宗は徳川家康のアドバイスを仰ぎ、「合戦も辞さず」のポーズを押し通すことでなんとか秀吉からお咎めなしを勝ちとった。

これで政宗は完全に秀吉を見限ったのだろう。慶長5年（1600年）関ヶ原の戦いでは家康を支持して石田三成方の上杉景勝と戦う。家康からは政宗の旧領の会津を含め上杉家の領地は伊達家の切り取り次第にしてよいという、いわゆる「百万石のお墨付き」が政宗に渡された。手塩にかけた金山を奪還したい政宗にとっては渡りに船の話である。

だが、家康は秀吉同様一枚上手だった。戦後、南部家の領内の和賀の一揆を扇動した罪が発覚すると、それを不問にすることと引き換えにお墨付きは反故《ほご》にされている。

こうして奥州の金山王に返り咲く政宗の夢はついえたのだが、ここでも政宗は一流のマネー術を炸裂させている。

家康の江戸が天下の首都となるのにともなう急速な人口増加で、深刻な米不足におちいったのを見ると、領内の米を藩として集めて石巻・荒浜・塩釜の港から東廻り航路で江戸に運び売却するというビジネスモデルを確立（廻米制）。

江戸に米を売るという新たな「金脈」は年間10万石、当時のレートで12万5000貫文、50億円以上の安定した現金収入を伊達家にもたらした。のちにこの制度は藩が農民の余剰米もすべて買い上げて江戸で売るという「買米制」へと進化し、自分で米を他国に売るすべをもたない農民たちは現金収入を「御恵金《おめぐみきん》」とありがたがるようになる。

これで政宗と伊達藩の存在は、江戸の人々にとって食糧安保の観点からも無くてはならないものとなった。晩年の彼が「天下の副将軍」として幕府から丁重に遇されたのは、戦国生き残りへの敬意以上に仙台の米が江戸っ子の胃袋をつかんでいたからなのだ。

寛永13年（1636年）、すでに数えで70歳に達していた政宗は、4月18日仙台城の東の経ガ峯《きょうみね》に杖を立てて「自分の死後はここに廟所《びょうしょ》を造営せよ」と命じ、翌日は顔色が悪く食事も進まず、気が重い様子だったというから、死を悟ったのはこのときだろう。しかし、みずからの体の異常に気付いたのは、もっと前のことと思われる。そしてそれが政宗最後のマネー術にも関連しているのだ。

亡くなる3ヵ月前の2月24日、政宗は幕府閣僚の土井利勝、酒井忠勝らに「銀子1000貫目、たしかに受け取りました。いつでも要請あり次第お返しします」と書状をしたためている。銀1000貫は銭4万1700貫文、30億円前後の大金となる。政宗はいったい何のためにこの金を借りたのだろうか。

一応名目としてはこの前の年に江戸の大火で伊達屋敷が焼失してしまったため、土井利勝から再建資金融資を持ちかけられたというが、実は死期を自覚した政宗が相続対策としてわざと借金を作っておいたのではないか。「幕府も仙台藩が無くなれば貸し倒れになるから、自分の死後に取り潰すことはない」という読みだ。

さらに死の直前、政宗は幕府に銅の一文銭鋳造請け負いを打診していたらしい。それは彼の死後、寛永14年（1637年）になって実現するのだが、のちの鋳銭許可の際に「領内の銅だけを使え、他国で銭を使うな」などと厳しく指導されているところを見ると、かなり強引に銅をかき集めておびただしい量の銭をばらまいたのだろう。

銭が世間にあふれれば米の値段はあがり、仙台は廻米でさらに潤う。政宗の慧眼、恐るべし。独眼竜は最期の最期まで「マネーの竜」だった。

スタディ9　凄腕経済官僚・石田三成之事

ビットコインに代表される仮想通貨が短期間に高騰し、テレビでも芸能人が「買った、儲けた、損した」などと話題にする場面を目にするようになって来た。概してマスメディアが持ち上げ始めると、すでに下げ局面が近いものだが、仮想通貨の場合はどうなんだろうか。

それにしてもこの仮想通貨というのは、筆者なんぞの理解の範疇《はんちゅう》を超えたまったく新しい価値と言える。通貨といいながら裏付けとなる国家なり国際的大企業なりが保証するものでもなく、換金に手数料がかかり、価値がまったく安定しない。その条件を許容し投資や決済手段として受け入れるというのは新たな（革新的な？）価値観無しでは出来ない相談ではないか。

と、この時点で目をパチクリさせていたのは甘かった。大甘だった。なんと、その仮想通貨のキモであるブロックチェーン技術こそが、新しい価値の源泉とは。「分散型台帳技術」とか呼ばれると小難しいけど、要は個々のマシンがネットワーク上で並列でつながってデータを共有する。そして、それぞれの端末が自律し台帳情報を提供したり読みに行ったりする。その演算処理を代行（マイニング）することで、報酬が発生し仮想通貨をもらえる。そんなビジネスモデルが出来ているそうだ。

ネットワーク上での〝労役〟とは、情報ネットワークのインフラができあがった今だからこそ生まれて来た、まさに新しい労働価値だ。

そう見てくると、筆者の脳裡《のうり》にはひとりの男が浮かんでくる。その男の名は、石田三成。豊臣秀吉の腹心として政権を切り盛りした官僚団トップであり、関ヶ原合戦で徳川家康を相手に大勝負を挑んだ人物だ。2017年は司馬遼太郎原作の映画も公開され、その主役として話題を呼んでいた。


三成が秀吉に出会ったのは、少年時代のことと言われている。近江国坂田郡の石田村（現在の滋賀県長浜市石田町）出身で、近くの観音寺に学問修行に出ていた三成は、新たに領主となった秀吉がこの寺に立ち寄った際にお茶をたてて出した。

疲れて喉が渇いている秀吉に対し、彼は最初は大きな椀《わん》にぬるい茶をなみなみと提供して人心地をつけさせ、おかわりは中ぐらいの椀に少し熱い茶を普通の量で出して茶そのものを味わわせ、最後に小さい椀で舌が焼けるほど熱い茶を少しだけ出して落ち着かせたという、有名な「三献の茶」の伝説だ。

秀吉は天正2年（1574年）に長浜城主となったわけだが、元々低い身分の出である彼がいきなり城主となっても、譜代の家臣団を持っていないため万事人が足りない。おそらくすぐに大慌てで人材確保をはじめたことだろう。だからこの話を検証するとおそらく天正2年か、遅くとも3年のことだったのではないか。つまり、永禄3年（1560年）生まれの三成は15歳か16歳のときだったというわけだ。

その機転に感心した秀吉によってスカウトされた三成は、のち徳川家康に次ぐ豊臣政権ナンバー2の大大名、毛利輝元からも「肝心の人」（超VIP）と呼ばれるほどの実力者に成長していく。

この「三献の茶」で使われた茶葉は、お殿様である秀吉に出すものだから、この年の物価で1斤（600g）75文の高い茶だろう。薄茶1杯分の抹茶の量は、裏千家では茶杓《ちゃしゃく》2杯弱、だいたい3g前後だろうか。すると、1杯あたりの金額は35円程度。あれ？意外と安い。これで生涯の大出世のきっかけをつかんだのだから、工夫には金額は関係ない。あくまでも5W1H（タイミング、場所、誰が、何を、誰に、どのようにして）によるのだ。

めでたく秀吉の家来となった三成が18歳のときのことというが、乗り初め《ぞ》め（武家の男子が初めて馬に乗る儀式）で馬の口取り（馬のくつわを持って制御する下人）が死罪にも値するような重大なミスを犯したのを素知らぬ顔で見過ごし、後で黄金15両を与え穏便に退職させたという逸話が遺っている。

秀吉に召し抱えられて2年たった天正4年（1576年）にようやく元服させてもらい、乗り初めもおこなったということなのだろう。それにしても、現在の金額で300万円にもなろうかという15両の金をサラリと与え、ことを荒立てずに済ませるなど、歳に似合わない老成ぶりではないか。そして、それ以上に15両という大金を出せたことが驚きだ。

三成の出身地である長浜の石田村は東海道と北陸道の合流点に近く、琵琶湖の舟運の一大拠点だった朝妻湊《あさつまみなと》もすぐそばだから、石田家は水陸の流通から少なからず恩恵をこうむっていたと思われる。裕福な地侍の子として、三成にも多額の仕送りがあったのだろう。

『老人雑話』という書に、三成が「奉公は禄を全部使い切っておこなうべし。残す者は盗人であり、禄以上に使って借金するのはただのバカだ」と語ったと紹介されているのだが、ある意味「いいところのボンボン」だからこそ言えたセリフではないだろうか。だって、サラリーとして入ってきた持ち金を全部必要経費なり投資なりにまわしてしまえば、突然の出陣命令といった急な出費や同僚との付き合いにも差し支えるのだから。

もっとも、三成は実家からの送金に頼って格好をつけているだけの道楽息子にはあらず。自分でも資金を調達して来るだけの才腕を持ち合わせていた。

秀吉が中国地方3ヵ国を支配したころ、おそらく信長から中国地方の経略を命じられて播磨・但馬（現在の兵庫県西部と北西部）を支配下に入れ、備前・美作《みまさか》（現在の岡山県東部）の宇喜多直家を与力にした天正7年（1579年）頃の話だろう。秀吉から500石の知行を与えられた三成は「他に希望はあるか」という秀吉の問いに対し「宇治川・淀川の岸の荻《おぎ》と葦《あし》の刈り取り権を拝領できますれば、いただきました500石を返上したうえで1万石分の軍役をあいつとめましょう」と言上した。

秀吉が許可すると、三成は華麗な軍装の大人数を率いて参陣した。荻・葦の刈り取り料でまかなった1万石分の軍勢だったという。

荻の葉は家畜の飼料になるし、葦は葦簀《よしず》、茅葺《かやぶ》き、燃料、肥料など広い用途に使われる欠かせない万能素材だった。いくら刈り取り料をかけられても、庶民としては刈り取らないでは済まなかったのだ。

この収入で三成は華麗な軍装を調《ととの》えたのだろう。三成が参戦したのは、おそらく天正7年、秀吉の弟・秀長による丹波（現在の兵庫県北部）の黒井城攻めだと思われる。黒井城攻めは1ヵ月ほどおこなわれており、三成に課された1万石分の軍役は300人。その30日分の兵糧を1日5合当てで4万5000合＝45石とすると、現在の金額なら200万円前後。これに豪華な武具代が加わるわけだが、ひとり10万円として総計で3200万円を捻出したと考えられる。

それまで誰も見向きもしなかった河原の雑草に目を付けた三成。まさに新しい価値の発見とそのビジネスモデルの創造とをやってのけたことになる。だがしかし、皆が思いつかなかったことは、皆から否定される。ビットコインをはじめとしてそういう例は多い。何か問題が起これば「そら見たことか」と大騒ぎされ、発案者や推進者までもがボロカスに叩かれるのが世の常だ。三成がのちに多くの敵を作ってしまったのも、このあたりがその発端になっている。


三成が創造した「新しい価値」はまだまだある。豊臣秀吉の章で紹介した豊臣家の蔵入地（直轄領）政策は、全国各地の蔵入地の米を相場が安いところから高いところへ転送して売るという仕組みだが、これを築き上げたのが三成なのだ。

豊後《ぶんご》大野郡（現在の大分県豊後大野市など）の蔵入地代官をつとめていた太田一吉に三成の同僚は「近くに転封される大名に、穀物の種や当座の食料を貸してやってくれ」と書き送り、「頼み存じ候」という言葉を使っている。命令ではなく協力依頼という体裁だ。つまり、このネットワークはそれぞれの拠点が自律的に動く裁量権を与えられていたということに他ならない。三成は戦国の「ブロックチェーン体制」を生んだといえる。

また、彼は天正14年（1586年）から2年にわたり堺の政所《まんどころ》（代官）をつとめてもいるのだが、『堺鑑《かがみ》』によればこのころ東南アジアに出航した堺の新興商人・呂宋《ルソン》助左衛門は文禄3年（1594年）の夏にフィリピンから帰国し、持ち帰った目新しい「ルソン壺」50個を大坂城に持ち込んで秀吉以下諸大名に売り、巨万の富を得たという。三成スタイルの、新しい価値を見つける思考法は、若い商人にも大いに刺激を与えていたのだ。

天文学的な被害を防いだ機転

天正10年（1582年）の本能寺の変で織田信長が討たれると、その仇《かたき》の明智光秀を討った羽柴秀吉（豊臣秀吉）が天下統一レースに名乗りをあげ、翌天正11年（1583年）に大坂を本拠に定めて城造りを始めた。言うまでもなく、秀吉の子飼い家臣・石田三成も大坂で秀吉のために働くことになったのだが、そのころの話だろうか、こんなエピソードが伝わっている。

あるとき大雨が降り続き、大坂城の北西、京橋口の堤防が決壊しそうになった。お城の北側には淀川と大和川が流れ、ちょうど京橋のあたりで合流して天満川となり和泉灘（大阪湾）へそそぐ。おかげで城の北の守りは万全だが、豪雨となればここがまっさきに氾濫の危険にさらされるのだ。水量が多いだけに、いったん洪水が発生すると付近一帯の被害は甚大なものとなってしまう。

そうなっては一大事と、秀吉みずから出て工事を指図したが、土俵《つちだわら》（土嚢《どのう》）が足りず万事休すとなった。

「もう手の施しようがないわ」

と秀吉以下が呆然とする中、冷静に状況を観察していた三成は、大声で部下に指示を下す。

「城内の米蔵から米俵を持って来るのだ！」

彼は数千俵の米俵を堤防まで運び出させ、決壊しかけているところへ土俵代わりに積ませたのだ。

こうして危ういところで堤防は守られ、落ち着いたところで、土俵を持って来た領民には堤防の米俵と交換してやる、と触れ回してまたたく間に堤防の復旧工事を終えたという。

三成のとっさの機転が災害を防いだという逸話だが、先に紹介したように淀川と宇治川の河岸《かし》支配権を得て葦や荻の刈り取り料を徴収したという三成のこと、川沿いの住民たちをよく把握していて、いざというときも無駄なく彼らを動員できたのだろう。

さて、この一件を費用面で考えてみよう。

俵ひとつに米は0・5石入る（5斗俵の場合）から、仮に用いられた米俵を4000俵とすると2000石にあたる。

記録を見ると、天正13年（1585年）6月20日（現在の暦では7月17日）に台風による洪水被害が発生しているから、この逸話もこの年のものだと考えると、当時の米の価格は1石あたり銭1貫文（1000文）となる。これに現代の米の価格をあてはめると、ざっと1億円前後の計算だ。

堤防が決壊してしまい一帯が水没するとどうなるか。江戸時代末期の淀川洪水では、大坂城の東の鴻池新田の年貢収入だけとっても6・5億円以上のマイナスが発生したという（『地下鉄災害について』河田恵昭《よしあき》・関西大学社会安全研究センター長）。家屋が密集する大坂城下が水害に襲われれば、人的被害を含めてその損害額は現代の価値で何百億円にものぼるはずだ。それを1億円で未然に防いだ三成のとっさの損得判断は、特筆モノである。

天正18年（1590年）、秀吉が小田原の北条氏討伐を決定し20万人以上の大軍を関東に向かわせると、三成は忍城《おしじょう》攻めの大将を命じられる。忍城は言うまでもなく「浮き城」と異称されたほど低湿地に囲まれ、大軍の行動が難しい地形にある。これに対し、三成率いる数万人の豊臣軍は水攻めをかけるわけだが、実はこの作戦、三成の発案ではなく、総大将の秀吉じきじきの命令だった。

「とにかくも水攻めをさせる」

と秀吉は書状に記している。彼にしてみれば、かつて備中高松城で大成功を収め、のち紀伊太田城攻めでも戦果をあげた水攻めを、関東でも再現してみせて豊臣家の威信を示したかったのだろう。

これに対して三成は「諸隊は水攻めの準備にかまけて、積極的に攻撃をかけようとしない」と愚痴る手紙を書いているから、彼にとって水攻めは本意でなかったのは明らかだ。武功の面で幼いころから共に秀吉に仕える加藤清正や福島正則に遅れをとっている立場としては、勇猛果敢な城攻めで周囲をアッと驚かせたいという気負いもあったのかもしれない。

しかし、そこはさすがに英才といわれる三成。彼は不満をグッとこらえて水攻めの工事を指導する。いざ方針が定まると、本意は別としてその達成に邁進する、エリート官僚・三成の真骨頂である。

6月7日から着工した工事で、三成は長さ28キロメートル、底辺部は19メートル以上、高さ3メートル20センチという規模の堤防を、なんとわずか4〜5日という短期間の内に造り上げてみせた。

秀吉が高松城水攻めで築いた堤防が長さ4キロ、底辺部24メートル、高さ8メートルであり、12日間の工期を必要としたことを考えれば、倍以上の体積となる忍城水攻めの堤防工事の手際の良さは驚異的というほかない。

工事の竣工とともに三成は堤防の様子を絵図にして秀吉に報告し、秀吉は「現地に出向いて予みずから検分してやろう」と意気盛んに返事をしたためている（6月20日付）。三成は秀吉を満足させたのだ。

では、秀吉を満足させるための経費はいくらぐらいかかったのだろうか？

城方の立場で記録された『成田記』という史料によれば、三成が動員した近隣の農民などの作業員は10万人。労賃として昼は米1升と永楽銭60文、夜は米1升と永楽銭100文が支払われている。高松城攻めでは土俵1俵につき銭100文・米1升が代価だったのに比べると、1日働いて60文から100文というのは安いと感じるかもしれないが、実はここに関東独自の事情がある。

というのは、北条氏は領内で永楽銭以外の貨幣の使用を禁じていたのだ。それに対し、秀吉の地盤である近畿は鐚銭《びたせん》などの粗悪な銭が多く使用されていた。つまり、作業員たちが地元で使える永楽銭は、近畿で流通している銭の2倍～10倍という価値があったのだ（永禄12年＝1569年の織田信長による撰銭令《えりぜにれい》の交換レートによる）。だから、忍城攻めでの永楽銭100文は高松城攻めでの銭100文とは比較にならない高額ということになる。

ところが、これだけ米銭を投入して築き上げた堤防をもってしても、忍城は落ちなかった。堤防で引き込む予定だった利根川と荒川（元荒川）の水量が意外と少なかったうえ、タイミング良く豪雨が降ると、今度は城内からひそかに出た兵が堤防を破壊し、かえって豊臣軍側に270人という死者が出てしまう。

そのうえ城方は堤防工事の際に兵たちを作業員に紛れ込ませて三成が配った米を高値で買い取らせていたから、いくら包囲を続けても兵糧不足になる様子も見えなかった。

結局城は北条氏の降伏後に明け渡されることになるのだが、城主で小田原城に籠城していた成田氏長は秀吉に黄金500両を払って助命されている。米の高値買い取りの件といい、忍城の金蔵には相当な額の金銭が貯め込まれていたようだが、これはおそらく利根川と荒川によって太平洋と北関東を結ぶ舟運から得られた利益だったのだろう。ある意味三成は忍城との「資本競争」に敗れたとも言える。

三成の武将としての履歴に傷はついたものの、関東は秀吉によって平定され、続いて奥州もその傘下に入る。長く続いた戦国時代が終わり、ようやく天下統一が成されたのだ。

そうなると、トップ官僚としての三成の出番がやって来る。「太閤検地」だ。日本国中、隅から隅まで田畑の面積を確認し、1段《たん》（反）を従来の360歩から300歩に改めたのだが、これは農業の技術が進歩したためにかつては360歩から収穫していた米の量が、300歩からとれるようになったためともされている。また、耕作者を直接把握することによって地主などの中間搾取を排除したために、その分を年貢に上乗せしようというもくろみもあっただろう。

納税者にとって16％以上の過酷な増税は痛いが、豊臣政権にとって全国の土地基準を統一したのは大きい。この検地に用いられた測量道具が「検地竿《ざお》」と呼ばれる長さ1間（190センチあまり）の竿で、その竿を作製する基準となったのが「検地尺」という1尺（30センチあまり）の物差しだ。そして、この検地尺に署名を入れたのが、三成その人なのである。つまり、彼は日本の土地を管理する総元締めとなったのだ。

同時に枡《ます》もやや大ぶりの京枡に統一されたが、これも増税（年貢米を量るとき、同じ1升でも枡が大きければその分増収）に貢献する。三成は経済面での「天下統一」の立役者だった。

朝鮮出兵の最前線に古米を押しつけ

「車の運転には道路税、座るときには座席税、寒ければ暖房税、お散歩の際は足税を徴収します」（「TAXMAN」）と唄ったのはビートルズだが、本当に税金というものはどこまでも何にでも付きまとってくるもの。税務署は出来れば足を踏み入れたくないところだ。

豊臣秀吉の時代、その右腕として検地や枡の制定でガッチリ税金を搾り取る制度を築きあげた石田三成も、さぞや人々から恐れられ、疎《うと》まれたことだろう。のちに関ヶ原の戦いを起こすにあたって、盟友である大谷吉継さえも「貴殿は諸人に悪《にく》まれ（お前は皆から憎まれ）」、「殊の外ゑいくわひ《へいかい》（これ以上ないほど横柄、傲慢だ）」と、面と向かって三成が周囲から嫌われていることを指摘したという（『慶長見聞書』『落穂集』）。

だが、三成は皆を締め付けることしか頭にないガチガチのお役人というわけではなく、お金の効用や人情についても精通し人情味のある、融通の利く人物だったらしいことは先の石田堤や大坂城の堤防の話でも察しはつく。

そのからみで、秀吉が甥《おい》の秀次に関白職と京の聚楽第《じゅらくてい》を譲ったあと、京の南郊の伏見にお城を築いたときのこととして面白い逸話があるので、紹介しておこう。

秀吉は伏見城の庭に井戸を掘らせたのだが、地中深く掘り進めばその中にも大量の土が出、これをすべて取り除かなければ、井戸は実用に供することができない。そこで秀吉は三成に「早く土を掻《か》き出させろ」と命じた。そこで一計を案じた三成。おもむろに「早い者勝ちだぞ！　それ取れ！」と叫んで1貫文の銭を投げ入れた。それを聞いた作業員たち、喜んでみな必死に土を掻き出しはじめ、あっという間に土は全部片付けられて、井戸は難なくその機能を発揮しはじめた。

1貫文の銭はこの時期現代の価値で7万2０００円ほどに換算できる。仮に作業員たちに任せきりでいれば、日当欲しさにわざと怠けて、井戸が使えるのは何日も先になっていたかも知れない。

江戸時代に描かれた『伊予国地理図誌稿』で井戸掘りの様子を見ると、20人近い作業員が働いているから、伏見城の井戸でも同程度の人数が投入されたとして、食費が1日米8合の計算で7２００円ほど必要な上、特殊技能ということで別途技術料がつく筈だから、1日あたり1万円、全員で20万円ほどかかったのではないだろうか。

これが何日も続くよりも、7万2０００円の出費で一度に済ませた方が安上がりなのは誰にでも分かるというものだ。作業員たちも目の前の7万2000円欲しさに頑張ったので誰も疑問を持つ余裕もなかったし、言うまでもなく秀吉も喜ぶ。いかにも切れ者三成らしい逸話ではないか。

しかし、この逸話、たしかに彼の頭の良さには感心させられるのだが、どうも金銭万能、マネー至上主義っぽい嫌みを覚えることも否定できない。三成のそういった傾向が、余計に敵を作ったとも言える。

それでもまだ、税金を取り立てたり、堤防を造ったり井戸を造ったりするための機転程度なら、周りの人間もそこまで彼を毛嫌いすることもなかったのかもしれないが。しかし、伏見城の逸話と同時期の話として、文禄元年（1592年）に始まった朝鮮出陣で、三成のイメージが決定的にダウンする出来事があったのだ。

それは、出征軍の兵糧に関することだった。

「名護屋に在《あ》る大豆御貸付の事」。

これは秀吉の下で朝鮮出陣の本営となる肥前（現在の長崎県・佐賀県の大部分）名護屋城を築き、出征軍の武将たちなどの取次役も務めた寺沢広高が豊臣家奉行人たちに宛てて出した書状の一部なのだが、彼は全国から名護屋城に搬入されて来た大豆を、出征軍の将兵に貸し付けていた。むろん、それは豊臣家の方針に沿ったもので、貸し付けた大豆は利息付きで回収される。秀吉がまだ天下人になる以前から米の貸し付けで稼いでいた話は以前に紹介したが、まだこの利殖方法を続けていたのだから、あきれたものだ。

「天下を統一し、全国の金銀が集まってくる段階になったのに、そんなことをする必要はあったの？」と思われるだろうが、実はこの時期、豊臣政権の台所はかなり切羽詰まっていたらしい。

秀吉の建築道楽や派手な生活、それに朝鮮出陣までが重なって、諸大名は工事分担や軍役にあえぎ、その領民たちも過大な負担に耐えかねて農地を放棄して逃げたり、輸送員・足軽として徴発されたりして、農地を耕す者がいなくなり、年貢が集まらなくなっていたのだ。

文禄2年（1593年）には全国の陰陽師（占い師）が強制的に集められ、豊後（現在の大分県の大部分）から名護屋までの労働力として九州に送りこまれ、また耕作者が居なくなった田畑を耕すために尾張（現在の愛知県西部）に連行されている。非生産者を生産者としてむりやり動員しなければならないほどスカスカの状態だったということだ。しかも尾張は秀吉の甥・関白秀次の本拠地なのだから、他の大名の領地がいかに悲惨な状態におちいっていたかは想像に難くない。

そんななかで、大豆を半強制的に貸し付けられて利息を支払わなければならない大名たちの嘆きは深かった。その怨嗟は、当然ながら事務方トップの三成に向けられる。

さらに大名たちには、もうひとつもっと大きな問題があった。兵糧米だ。日本軍の先鋒《せんぽう》をつとめていた加藤清正は西生浦《ソセンポ》城《じょう》から部下に「御上米を下されたから、大至急代わりの米を届けろ」と指示を発しているのだが、これは豊臣家が城に籠城用として備蓄していた米が古米になって清正に払い下げられ、それを清正が新米で返済しなければならなかったということを意味する。

払い下げとは名ばかりで、傷《いた》んでろくに食用にもならない古米を押しつけられ、新米で返さなければならないのは理不尽というほかはない。なにせ、国元は疲弊しきってそんな余分な米を送れる状況ではないのだから。いきおい、借金して米を確保するという羽目になる。

清正の悩みはそれだけではない。本拠地の南肥後（現在の熊本県南部）の領内にある豊臣蔵入地（直轄地）の代官として納入すべき年貢米も自身の兵糧米として借りていたため、その返済も三成から迫られたのだ。

まさにがんじがらめ、どうしろというのさ、という話。現代のブロックチェーンシステムはハッキングによって真価を問われているが、三成の築いた米穀のブロックチェーンも弊害が出てきた。

三成としては、朝鮮出陣の兵糧補給をスムーズにし、豊臣政権の台所を潤し、蔵入地の収入をしっかり確保するという、いずれも豊臣家のため、秀吉のための事務をおこなっているに過ぎないと主張するだろう。「現に、米の輸送用の船乗りの費用、ひとり当たり1日1升分は豊臣家が支払っているではないか。出すべきものは出しているのだ」と彼は言うかも知れない。

そう、1日1升、現代の価値で450円ほどが船乗りたちに支給されているのだが、これは足軽や地上作業員に対する1日6合～8合という手当よりも3割～7割近く高い。それがのべ数万人、数千日となれば経費は天文学的だ。何も大名だけに負担を強いているわけではない、というのもひとつの理屈なのだ。

しかし、過重な締め付けにアップアップの清正にとってはただただ事務方トップの三成が憎い、となるのも人情の道理。この確執と、朝鮮出陣による借金の清算を急ぐ大名たちの懐事情とが、やがて清正はじめ七将による三成襲撃事件（大坂の石田屋敷襲撃を察知した三成は伏見へ避難、徳川家康の仲裁により近江――現在の滋賀県――佐和山へ隠退させられた)、そして最終的に関ヶ原の戦いへと発展していく。

さて、その関ヶ原の戦いだが、結果はご存じの通り家康の勝利、三成の敗北で終わる。家康が三成の本拠、佐和山城を攻め落として検分させると、

「佐和山城はさぞ豪華であろうと思っていたところ、三成の御殿の外側は土の荒壁のままで、漆喰《しっくい》で塗り込めてはいない。中も板張りのままで、障子や襖《ふすま》は反古紙《はごし》を張ってある。庭にも植木は無く、城中をいくら探しても金銀は少しも見つからなかった」(『慶長年中卜斎記』ほか)という。

かつて権力の絶頂にあった三成には、少しの貯えも無かった。『甲子夜話《かっしやわ》』という江戸時代の随筆集は「天下を狙って全財産を懸けた彼の野望の証しだ」としているが、それはうがち過ぎだろう。容赦なく金を取り立てたのはあくまで仕事、彼は私心無く仕事をしただけだったのだ。

スタディ10　前田利家人件費節約で大ピンチ之事

かつて与党最大最強の派閥としてその存在感を発揮していた経世会。その流れを汲《く》む平成研究会の内輪揉めにようやく決着がついたのは平成30年（2018年）のこと。派閥の長を他の方に交代させようという動きによるものだったが、なんでも推進派は資金集めのためのパーティで新しい長以下を披露したかったそうだ。

逆に考えれば前の長では資金集めのパーティにたくさんの人を呼ぶこと自体が難しかったのだろうか。事ほど左様に、政治にカネは付きもの。マネーがなければ人は去るのだ。

会津の大名だった蒲生氏郷《がもううじさと》は、雑談で「豊臣秀吉様のあとは誰が天下を取るか」と問われたとき、「徳川家康殿はケチだからダメだ。利家殿は気前よく高禄を与えるから、彼こそ次の天下人だろう」と答えたというが、これはどうも眉唾モノだ。なぜなら利家にはこんな逸話がある。柴田勝家の甥で勇将として知られる佐久間盛政が5000石でヘッドハントしようとしたほどの村井長頼という部下に、700石の知行しか与えていなかったというのだ。

そこで、史実としての前田家の家臣の禄高の水準を考えてみよう。秀吉時代の前田家の最大石高は80万石だったが、家中ナンバーワンの奥村永富《ながとみ》は1万2000石、村井長頼も700石から出世してナンバーツーの1万1245石という禄高だった。だが、80万石の内40万石は越中の国主だった嫡男・利長のもので、能登20万石は次男・利政のものなので、利家の領地は厳密にいうと20万石に過ぎない。その内、6％ほどが家老に与えられていた。

これに対し、家康は関東250万石の時代に井伊直政へ12万石、本多忠勝へ10万石を与えている。こちらは4～5％の比率だ。たしかにこの数字を見ると利家の方が功臣に報いるところは大きいかもしれないが、前田家全体で考えるなら1・5％に転落してしまい、逆に家康の方が気前が良かったとさえ言える。

家康は風に飛ばされた鼻紙を必死に追いかけて拾ったというエピソードを残したが、利家の方も大事にとっておいた反古紙《ほごし》を捨てた使用人を叱りつけたというから、やはりケチっぷりでは互角だろう。氏郷の目利きは当てにならないようだ。

さて、その前田利家。北陸新幹線開通以来、観光客で大いに賑《にぎ》わっている金沢を北陸一の大都市へと成長させる基盤を作った「加賀百万石」の祖としてよく知られているが、始まりはわずかに50貫文（100石）という身代《しんだい》だった。

利家は、尾張（現在の愛知県西部）荒子《あらこ》の生まれの四男坊で、前田家の2000貫文という領地を継ぐあてもなく織田信長の小姓としてキャリアをスタートさせたのだ。

もっとも小姓といっても信長自身が傾奇者《かぶきもの》ファッションで往来を闊歩《かっぽ》していたこともあり、利家も気が短く喧嘩好き。絵に描いたような「荒小姓」（信長のボディガード）ぶりを発揮したらしい。そのころの利家は「犬千代」と名乗っていたが、名前の通り狂犬のような不良少年だったのだ。

それが、永禄2年（1559年）、22歳のときにささいな事で信長お気に入りの同朋衆《どうぼうしゅう》（雑用の召使い）を斬り殺してしまい、信長から勘当されてしまった。このとき利家はすでにおまつと結婚し、長女も生まれていたが、失業して貧乏のどん底に陥ってしまう。

結局、2年後に美濃（現在の岐阜県南部）森部の合戦に「陣借り」（非正規参加）して「首取り足立」と呼ばれる勇猛な武士を討ち取った手柄で帰参を許され、450貫文の知行を与えられる。

さすが「槍の又左」（前田又左衛門）と異名をとった利家だが、よほど尾羽打ち枯らした牢人《ろうにん》生活の辛さが身に沁《し》みたらしい。後年の彼は当時を振り返って「ふだん仲が良かった者たちも遠ざかっていき、顔を見せてもくれない中、森可成《よしなり》と柴田勝家ほか2、3人だけが変わらず接してくれた」と語っている。金の切れ目が縁の切れ目。彼は身をもってそれを経験したのだ。

さて、信長の側近に返り咲いた利家。永禄12年（1569年）、兄から家督を譲り受けて荒子2000貫文の領主となると、持ち前の武辺者《ぶへんもの》ぶりを大いに発揮して戦場に付き従っていく。天正3年（1575年）越前（現在の福井県北部ほか）府中3万3300石を与えられ、天正9年（1581年）にはとうとう能登（現在の石川県北部）一国20万石の国持ち大名にまで出世する。元々が50貫文の身代だったことを考えれば、2000倍のベースアップだ。

こうなると、並の人間なら満足しきって成金生活に走りそうなものだが、かつてどん底を経験している利家は少し違う。領内の有力農民42名に10〜30俵の扶持《ふち》（給料）を与え、そのかわりに「すべて地下《じげ》のこと肝煎《きもい》りすべし（民政を任せる）」と申し渡して、合戦のときには作業員や道案内を出させ、平常時には年貢の徴収などを請け負わせたのだ。

これにはふたつの意味があった。ひとつには有力農民を直接取り込んでスピーディに前田家の支配を進めること。そしてもうひとつは、人件費の節約である。

前田家は越前府中時代からでも6倍の急成長を遂げたわけで、必然的に家来の数が不足する。有力農民たちを直接取り込んで諸事任せてしまえば、しばらく家来の数が補充できなくても何とかなる、というわけだ。しかも、その費用は年間米500俵前後。150石ほどに過ぎない。大量の侍を雇い入れれば固定費として財政にはね返ることを考えれば、断然お得なのだ。

こうしてちゃっかりと足元を固めていった利家は、天正10年（1582年）の本能寺の変を経て翌年賤ヶ岳の戦いに臨む。ちなみにこの戦いでは、利家は旧友の羽柴（豊臣）秀吉と、恩のある柴田勝家との板挟みになり、戦場から離脱して秀吉に帰順した。勝家とともに利家を見捨てず付き合った森可成の子、長可《ながよし》も勝家にはつかず秀吉に味方している。戦国の世の非情さという他はない。

秀吉から能登に加えて加賀（現在の石川県南部）の北の2郡を与えられた利家だが、これには東の佐々《さっさ》成政、上杉景勝という大勢力を利家に監視させようという秀吉の狙いがあった。利家としてもその期待に応えなければ、いつ大名の地位を剥奪されるかもわからない。実際、天正13年（1585年）には隣りの丹羽《にわ》長重が越前・加賀南2郡108万石を没収されて若狭（現在の福井県南部）15万石に大減封されている。とにもかくにも収入を増やして秀吉の軍役をこなすのが至上命令だった。

そこで手っ取り早く当てになるのが、金山だ。天正12年（1584年）、彼は能登で宝達《ほうだつ》金山の採掘を開始する。この金山は利家にとってまさに宝の山、頼みの綱といったところだったろう。のち文禄元年（1592年）と翌年には、朝鮮出兵において秀吉の船や前田家の軍勢の武具の飾りに使う金箔が必要になり、「能登の箔屋に大至急提供を命じる」「金子《きんす》3枚か5枚分、箔を打たせろ。箔屋に人を付けて作業を督促させろ」と命じているのも、おそらくこの金山で掘られた黄金が材料だったろう。

直後に鋳造された慶長小判で計算すると、その重さは17・76グラム。金箔1枚は0・1グラム（金閣寺に使われている金箔の場合）だから、金子5枚（小判で50枚）ならざっと88880枚の金箔が打たれた計算だ。これでだいたい32坪分の面積となる。これだけの量があれば、さぞや多くの金飾りが出来たことだろう。

彼は自分の軍勢の馬廻《うままわり》（親衛隊）のメンバーに小判1両を支給して金熨斗《きんのし》の指物《さしもの》を用意させており、それなりの黄金が金飾りに回されたようだ。金山のうまみを改めて痛感した利家は、新たな金鉱の調査にも力を入れる。慶長3年（1598年）には加賀の倉ヶ嶽金山も発見された。

ところが話は戻って、宝達金山から黄金が採れ始めた直後の天正12年9月、利家は一大危機に見舞われる。佐々成政が、利家の能登末森城を包囲したのだ。1万5000人の佐々軍に対し、城の兵はわずかに1500人、そのうえ、利家の本拠金沢城にもすぐに動かせる兵は2500人しかいない。家来の雇用をケチってきたツケが回って来た。

おまつからも「日頃から家来を多く養うようにご忠告したのに聞かずお金を貯めていらっしゃったのですから、その金銀に槍を持たせて戦わせなされませ」と怒られる始末（『川角太閤記』）。「身から出たサビ」とはこのことだが、妻にも責められた利家は、追い詰められて2500人の兵で佐々軍を撃破する。開き直った末の、奇跡の勝利だった。

豊臣一門の名誉のために集金マシンと化す

前田利家が、兵を雇う金をケチったために末森城の戦いでピンチを招いたという話については、利家自身が「敵の佐々成政は家臣を多く召し抱えて総数3万人、そのうち2万で末森城を包囲した。これに対してわしは3000人がせいぜいだった」と、寡兵で大敵を破った手柄をたびたび語っていたことを、加賀藩主の2代目を継いだ利常（利家の四男）も証言している。

自慢話なのだが、利家が雇用をケチっていたことを自ら裏付けてしまっているあたりが皮肉だ。

天正14年（1586年）、利家は、「駒銭」（馬1頭あたりの税）の支払いや、伝馬《てんま》（運送の労役）に駆り出されるのを嫌う農民たちに対して「馬を隠す者がいたら、その者が住む村全体に1頭あたり罰金300疋《ひき》を課す」と領内にお触れを出した。ちなみに300疋は20万円あまり。

その翌年には駒銭を800文と公式に定めた。およそ5万円あまりの額だから、現代でいうとミニバン以上の乗用車の自動車税にほぼ近い感覚だろう。馬と自動車、その時代の輸送を担うモノの税額が似通っているところが面白い。為政者というものは、いつも同じ様な感覚で税金をとるのだろうか。

われわれの周囲でも、競争相手がいなくなった店や会社はサービス低下や料金値上げに動きがちだが、利家もライバルの消滅で領民たちの代表である土豪・国衆などの機嫌をとる必要がなくなったのかもしれない。

くわえて、この年に利家は能登（現在の石川県北部）七尾で、城下の魚町《うお》に領内の魚類の専売権を与えた。魚を求めて集まって来る消費者に対し高い利益を乗せて販売する。競争相手がいないのだから、粗利率は思いのままだ。その上前《うわまえ》を利家がはねる、といっては聞こえが悪いが、専売権の代償として相当な金額が前田家の懐に入って来たに違いない。

さらに、利家の集金マシンぶりはエスカレートしていった。天正17年（1589年）には、「二免四分増《にめんしぶまし》」を宣言する。これは何かというと、24％の増税実施だ。年貢を何とか逃れたい農民たちが正規の田畑の耕作そっちのけで、税の優遇措置のある荒れ地の開墾や免税対象となる山での焼き畑農業に熱中し、それが多くなって来たところでいきなり税率を引き上げるという政策を打ち出したのだ。

それまでの前田領では、開墾した新田の税金は1反あたり1俵。これを、のち太閤《たいこう》検地で農業生産量の低い田1反に1・1石の年貢がかけられたのと比べると、当時の前田領内での1俵は0・3石だから、73％近く低い。いかに前田領の新田が優遇されていたかがわかるだろう。

通常の田と新田との比率はわからないが、24％の増税というのは、新田の優遇措置分をそのまま通常税率にしてしまった結果ではないだろうか。

農民の側からすれば、これはたまったものではない。それはそうだ、消費税率が5％から8％、8％から10％にあがるだけでも一般庶民の家計には大打撃なのに、5％がいきなり29％になったら、と想像するだけでも鳥肌が立つ。実際、前田領では逃散《ちょうさん》する農民が続出、年貢滞納額もどんどん膨れ上がっていった。そうなると、今度は利家が困る番だ。なにしろ、年貢を納めてくれる農民がいなければ大名などはたちまち食いっぱぐれてしまうのだから。

前田家がどれだけ困ったかというと、利家の兄で七尾城代をつとめるなど重臣として仕えた前田安勝が、村々に「去年の増税で農民が大勢逃散した件を京に駐在している利家に報告しているから、その返事が来るまで一切取り立て催促はしない。また、米も貸そう。利息もとらないよう利家に進言するから、逃げた者は戻って来て耕作に励んでくれ。代官らに不当な振る舞いがあったら訴えて来い」となだめ回らせたほどだった。

実際、4年後の文禄2年（1593年）には不正をはたらいた代官を死刑にした記録も残っているから、安勝の説得の言葉には嘘はなかったのだろう。それほど、前田家は反増税の声に圧倒され、危機的状況に追い詰められたのだ。

ここで利家のため弁護しておくと、彼は何も自分が贅沢をするためにあれこれと税を取り立てる算段をしていたわけではなかった。

たとえば、天正13年（1585年）には秀吉を金沢城に迎えるために御殿の座敷の材料として節の無い高級な板などを手配し、「善を尽くし美を尽くす」もてなしをおこなっている。現代では檜《ひのき》の一枚板の天井材など数十万円以上の単価だが、当時だって破格の値段だったことは間違いない。その次の年には上杉景勝が秀吉に臣従の礼をとりに上洛《じょうらく》する際に彼を金沢城へと迎えているが、「御座敷《おざしき》の構え、金銀をちりばめる」と、秀吉のメンツを潰《つぶ》さないようここでも大枚をはたいて接待に努めたようだ。

秀吉がかつて使っていた羽柴筑前守の名乗りや豊臣姓を与えられた利家は、豊臣一門に準じる待遇と引き換えにその権威高揚のために大金を投じる義務もしょい込まされたのには、同情の余地がある。

そしてとどめは天正18年（1590年）の小田原（北条氏）征伐だ。利家は北陸方面軍の司令官に任命されて1万8000人の軍勢を動員。遠征は4ヵ月以上におよんだ。いくら豊臣家が現地の兵糧は用意しているとはいえ、移動中の食費や経費は自前となるから、おおよそ3ヵ月と考えると米だけで8100石、現代の価値では3億6450万円ほどを用意しなければならなかった。

にもかかわらず、利家には田んぼ1枚の領地の加増もなかったのだから、彼がしゃにむに増税に突っ走るのも無理はない。というよりもむしろ、豊臣家の御用をつとめるためには増税が必要だったのだ。

この頃の彼の愛用品とされるソロバンが、今に伝わっている。それは縦7センチ、横13センチほどのコンパクトな携帯型で、現代でいうならモバイル電卓だ。彼はこれを常に具足櫃《ぐそくびつ》(甲冑《かっちゅう》を入れる箱）に入れ、戦場で軍費の計算などに用いていたという。米や銀の単位を入れたものもあったというから、予備もいくつか用意されていたのだろう。

　このソロバンをパチパチとはじきながら、「どこからどうやって税金をとろうか。あの税率をあげればいくらぐらい入ってくるか」と日々勘定にいそしむ利家。遺品の甲冑などから、彼の身長は180センチ以上と推定されているが、当時としては図抜《ずぬ》けた巨体の利家が小型のソロバンを抱え込んでチマチマと珠《たま》をはじいている姿を想像すると、おかしさがこみあげてくるではないか。

　その後も、利家は秀吉の命令にふりまわされてお金の心配をし続けた。文禄の役では8000人の兵を1年8ヵ月の長きにわたって本国から京や肥前名護屋へ出張させなければならなかったから、それをまるまる負担したとすれば100億円以上の食費が前田家の金蔵から出ていったはずだ。

　文禄3年（1594年）、利家の娘婿だった中川宗半という重臣が豊臣家の命令による普請役（工事負担金の支払い）に多額の滞納をしてしまい、前田家から蟄居《ちっきょ》を命じられてしまう。利家は「公儀の普請は軍役。それを怠ることは許されない」と、あえて婿を切り捨てることで一罰百戒としたのだろうが、それだけ家臣たちの負担も大きかったということだ。

　その証拠に、この年の正月には、金沢城へ参賀にやって来た家臣たちは皆、地位に応じて

200文～1貫文の「礼銭」を利家に払わされている。毛利元就がひとにぎりずつ銭を配ったのとは大違い。

彼らは贅沢をすることもなく金を節約しておりますと利家にアピールするために、紙子（和紙で作られた着物）で出仕したというから大変だ。中には病と称して参賀に来ない者もおり、利家は「わしへの礼銭200文を惜しんで年賀に来ないとは、けしからぬ」と怒った。

しかし、新年初出社の日に現代の価値で1万2000円が年玉としてもらえるどころか、逆に財布から出ていくと思えば、仮病を使いたくなる気持ちもわかろうというものではないか。

秀吉死後の大乱に備えて〝金貸し〟に

天正18年（1590年）の小田原征伐で北条氏が降伏すると、前田利家はそのまま奥州へ進んで検地の作業に従事する。長い間軍勢を引き連れて出張したため、経費はかさみにかさんだ。ここまで紹介してきたように、前田家は常に自転車操業状態。なんとか現金を用意しないことには、前田家は出入りの商人たちにツケを支払うこともできなくなって、立ちゆかなくなってしまう状況だった。

とはいっても、前田家が年貢として納められた米をすべて売りさばくのは並大抵のことではない。なにせ、運送だけでなく市場を確保し、他の産地の米とも競争し、そのうえ相場を見て売却のタイミングを計らなければならないのだ。そんな敏腕マーケターも凄腕セールスマンも、前田家にはいない。

そのうえ、さらに事態を悪化させたのが、利家自身の性格だった。常に携帯用の小型ソロバンを愛用するほど計算に細かかった彼は、年貢の収納処理について必ず自身が国元で書類に目を通して最終的に承認していた。ただでさえ遠征に追われたうえ、上方の豊臣秀吉の傍《そば》で執務もしなければならないから、加賀に戻れる機会はわずかしかない。その、たまに国許へ帰ったときにしか、決済承認ができず、1年以上遅れるのが当たり前の状態となっていた。事務処理の滞留で機動的に動けないのだ。これでは、やっと売却できるころには古米扱いで安く買いたたかれることになる。

この状況をなんとか打破しようと焦った利家は年貢の一部を金銭で納めさせたり、飛騨に米の販売ルートをつくったりしたが、それでも全然現金の確保が追いつかない。

そんななか、利家はこんな命令書を発する。

「加賀・越中の米を近江で売らせるから、うまく取り計らってくれ」

宛て先は高嶋屋伝右衛門という男だ。

この伝右衛門、越前敦賀の豪商で、前田家の蔵宿《くらやど》（米の輸送や売買を請け負う商人）を務めていたのだが、その伝右衛門に対し利家は続いて、

「能登・加賀・越中から敦賀へ向かう船に積んだ米は、すべて高嶋屋に任せる」

と前田家の米の独占権を与えた。

前田家の米は船で運ばれて敦賀で水揚げされ、陸路を南下してまた船で琵琶湖を渡り、京から淀川経由で大坂へと運ばれるのだ。こうして、利家は伝右衛門のネットワーク頼みとはいえようやく大坂の米市場で前田家の米を換金する手段を確保した。

無論、秀吉にとって旧友の利家は腹心ともいえる存在。その腹心が破産してしまってはいかにも具合が悪い。そんなわけで、豊臣政権からも伝右衛門に対し利家に便宜をはかるよう指示が出されていたという。逆に考えれば、敦賀は豊臣政権の高級官僚・大谷吉継の領地だから、利家は豊臣家によって完全に首根っこを押さえられたともいえる。

こうして何とか経営破綻を免れた利家。その後も文禄2年（1593年）に「年貢の滞納が発生すれば、担当の代官を成敗する」と触れを出すなど苦しい状態は続いていた。とはい

うものの、それでも財政窮迫している息子、越中の利長に黄金500枚を融通するほどの余裕ができるようになった。

このとき利家は「金子1000枚もあれば、万事不安はなくなる」と利長を諭したという。このとき彼の手元には少なくとも金子1000枚＝20億円を上回る予備資金が生まれていたということなのだろう。お金に苦労してきた利家らしい言葉だ。

このころ利家は、伏見城下の道路工事に動員した3500人の作業員に黄金5枚を与え、酒を呑ませて士気を高め、5日はかかると思われた工事を2日で竣工させている。作業員の労賃はひとり当たり1日米8合だから、3日で24合の節約だ。その3500人分の84石＝4000万円分を黄金5枚＝5000万～1000万円でまかなったというのは損な話なのだが、それだけ早く工事を済ませて豊臣政権に忠誠心を示し、他の大名に対しても模範になるように努めたのだと思われる。豊臣一門に従う腹心はつらい。

この作業員3500人は直前に宇治川の堤防工事も15日の工期で完成させているからそれなりに疲れていた筈だが、利家に酒代をはずんでもらって元気百倍で頑張ったのだろうか。これもお金、臨時賞与が人の心を元気づけることをよく知っていた利家ならではのエピソードだ。

文禄4年（1595年）、秀吉の甥・関白秀次が粛清されると、利家は秀吉から秀次の伏見屋敷を与えられたが、その豪華な屋敷がトイレまで金箔貼りなのを見て「こんな無駄遣いをする人間が謀反など企《たくら》むものか。我が家は子孫まで天下に名をなす野望があるから、こんな建物はいらぬわ」と不要な箇所を取り壊させた。

このあたりはケチで知られた利家の面目躍如だが、同時にこの事件に連座して流罪になった知り合いには金子5枚を贈ってもいる。事件直後に河原波《かわらなみ》・下田《げだ》の金山など豊かな鉱山がある越中新川郡も前田家の領地となったため、手元金は一段と豊かになっていたと思われる。

またこの事件では浅野長政・幸長《よしなが》父子も豊臣家奉行衆から嫌疑を受けて左遷されそうになったが、利家は「おぬしらはそろばん勘定と讒言《ざんげん》は得意でも、武門の道は知らぬ」と奉行衆を大喝して長政らを救った。

ソロバン上手は一緒でも自分は武門の道を知っている、と大見得を切ってみせた利家は、慶長元年（1596年）に従二位《じゅにい》権大納言《ごんのだいなごん》に昇進すると「今日の日を迎えられたのは、皆のおかげだ」と家来たちに賜り物を与えて感謝の念を示し、また越後に転封された堀秀治にも金子50枚を貸し与えて当座の資金難を救ってやった。秀治は、越後の前領主だった上杉景勝が年の前半分の年貢を集めて行ってしまったために、にっちもさっちもいかない状況になっていたのだ。実はこれにはもうひとつ、利家の秘めた思惑があった。

利家はこの4年後に世を去る際、利長に対して、細川忠興・堀秀治・伊達政宗ら78人に金子を貸し付けた証文を見せ、「自分の死後、味方になる者の借金は帳消しにしてやれ。そうすれば、お前の人望もあがって他の者も味方にと集まって来るだろう」と利長に言い遺した。

そう、人はお金に付いてくる。そういえば、小田原征伐で北条氏が滅亡したときも彼は秀吉から北条氏邦を預かって1000石の捨て扶持《ぶち》を与え、氏邦が死去するとその子を呼び寄せて北条庄三郎と名乗らせ、氏邦の1000石を相続させている。

徳川家康は「秀吉公から処罰された氏邦の跡目を継がせることなど無用ではないか」と非難したが、利家は「いずれ家康とは合戦になる。そのとき、北条家由縁《ゆかり》の者たちを味方にすれば、家康の領国となった関東はひっくり返る」と自分の計算を周囲に漏らしていたと伝わる。苦労人・利家はそのことをよく理解しており、自分の死後に起こると思われる混乱のなかで前田家の与党を確保しておこうと常に努力していたのだ。

慶長3年（1598年）6月26日、利家はまたぞろ増税を実施する。能登の各所で山地子《やまじし》銭を3〜5割アップしたのだ。山地子というのは材木・漆・山菜などにかかる雑税で、かつての「二免四分増」（24％増税）よりも高いアップ率というのはすさまじい。相変わらず苦しい台所事情が続いていたのか、とも思うが、これはきたるべき大乱に備えての軍資金の準備のためだったのかもしれない。

というのは、この10日あまり後、伏見の前田屋敷では秀吉の形見分けがおこなわれているのだ。死期が近づいたのを悟った秀吉が、遺品の分配を名目に諸大名を前田屋敷に集め、息子・秀頼への忠誠を誓う誓紙を書かせようとしたわけだが、誓紙を書かせるという行為そのものが秀吉亡き後の豊臣政権の行方を不安視させる。ちなみにこの形見分けで利家には三好正宗の名刀と黄金300枚（換算すると3億円以上）が与えられた。

この形見分けの直後、利長が能登の山地子銭について「馬1頭あたり100文、人ひとりあたり50文」と具体的な課税額の指示を出している。薪《まき》や柴《しば》の売買さえ無いようなへんぴな場所でも、馬1頭あたり60文、人ひとりあたり30文取れ、というのだから、売り上げ税ではなく固定資産税扱いで現金を確保しようと考えていたのは明らかだ。これも、4月に前田家当主の座を利長に譲った利家の指示によるものであることは言うまでもない。

そして8月18日に秀吉が没すると、その信頼に応《こた》えて豊臣政権を守るべき利家も、翌慶長4年（1599年）閏《うるう》3月3日に生を終える。彼の遺産として金子2275枚、銀子216枚が分配された。晩年の利家は、側近く仕える小姓たちに「親に相談できないようなことが起こった時に使え」と年3度ほど2～3両の小判を与え、元不良少年らしい理解者ぶりを示したと伝えられる。

スタディ11　真田昌幸ヘッドハンティング之事

２０１６年の大河ドラマ「真田丸」で一躍人気となった、真田信繁の父・昌幸が、北条・徳川・上杉・豊臣と並み居る強豪たちを相手にたくみに戦国乱世を生き抜いたエネルギーの裏側を見てみよう。

そもそも真田氏は信濃国（現在の長野県ほか）中部で国の牧《まき》を管理する豪族だったという。牧とはそのまま馬の牧場、放牧場のことで、信濃は古来から良馬の生産地として知られ、天皇の命令によって設置された牧で馬を生産し、軍馬など朝廷の需要を満たしたのだ。

時代が下ると各地の武士がどんどん土地を私有化してしまうが、真田氏もこの例にもれず牧を自分のものにしてしまったらしい。中世になっても相変わらず陸でヒトやモノを運送するには牛か馬を使うしかなかったし、何より南北朝の対立に応仁の乱と、国中でひっきりなしに戦争がおこなわれるようになると、供給が需要に追いつかず馬の値段は天井無しのインフレとなったに違いないのだ。

ちなみに馬一頭はいくらしたたか？　昌幸が12歳の永禄1年（１５５８年）から40歳の天正14年（１５８６年）にかけて実際の馬の代わりにお金を贈る「馬代」として５００疋《ひき》という金額の記録を見る事ができる。特に天正14年の分は「例のごとく」と書かれているから、大体このあたりが良質な馬1頭の相場だったのだろう。５００疋は銭5貫。1貫を現代の貨幣価値で9万円前後と換算すれば、大体四十数万円というところだろうか。

豊臣秀吉に仕え、のち徳川家康から土佐24万石の国持ち大名に取り立てられる山内一豊には、若い頃、その妻が10両の金で夫に名馬を買ったという有名なエピソードがある。10両の金は100万円以上に換算できるから、彼女が買い求めたのは世間相場の2倍を超えるほどの名馬だったわけだ。余談ながらこれが江戸時代になると、10両や30両でのやりとりが当たり前になってくる。何でも値上がりの世の中です。

閑話休題。ともかく、真田氏は山奥の片田舎の貧乏豪族などではなく、高価な馬を産出してくれる「金の成る牧」を持つ、リッチでセレブで安定した武士だった。

ところが、昌幸が生まれる前の天文10年（1541年）、昌幸の父・真田幸隆は本家の海《うん》野《の》氏ともども武田信虎（武田信玄の父）・諏訪頼重・村上義清の3強連合軍の侵攻を受け、領地の真田郷を追われて亡命生活を送るはめになる。彼がふたたび信濃に戻って来たのは、昌幸が生まれる前後の事だった。牢人暮らしの果てだから、生活は厳しいものだったに違いない。

信虎を追放した信玄にスカウトされ、信濃の豪族たちを武田方に取り込むという仕事を請け負った幸隆は、手柄によって天文19年（1550年）に信玄から1000貫の土地を与えられた。しかし、これはその土地の年間生産高が銭1000貫分、現代価値で7500万〜9000万円分なのであって、ここから何割かを年貢として徴収し、その中から家臣の俸禄や必要経費をまかなわなければならないのだから、実際自分が自由にできるお金は100貫、200貫といったレベルだったのではないか。

やっとひと息ついたとは言え、かつては領地で採れる農産物の他に、牧で群れを成す1頭40万円の馬というもうひとつの収入の柱があった頃を思えば、幸隆は落魄《らくはく》の思いをぬぐう事はできなかったろう。

だが、この幸隆のお金の苦労が、息子昌幸のハングリー精神を生むとともに、彼にお金の価値を思い知らせてくれた。父とともに上野国《こうずけ》（現在の群馬県）西部に武田勢力を伸ばしていく仕事に励んだ昌幸は、主君・信玄が亡くなり、続いて父・幸隆も世を去ると、信玄の子・勝頼に仕えて引き続き西上野経略に従事する。

天正8年（1580年）、沼田城の奪取を狙う昌幸は、城の副将・藤田信吉に対し沼田周辺で300貫の所領を与えると約束し、寝返らせて城を乗っ取っている。昌幸が信吉にかがせた鼻薬は、どれぐらいの価値があったのか。おおざっぱに1貫を9万円と仮定すると、信吉は寝返り代として2700万円分の生産高がある土地をせしめた計算になる。越後国（現在の新潟県）に近い要衝・沼田を手に入れる代償としては安いものかも知れない。

ちなみに、年貢が六公四民だったとすると信吉の懐に入る収入は1620万円。それまでの彼の年収がいくらだったかは分からないが、それよりも低い金額だったのだろう。年収アップ目当てに自分の顧客ごとライバル会社へ鞍替えするようなものか。

注目しておきたいのは、これが主君・勝頼が書いた300貫の〝手形〟を取り次いでいる点だ。実は昌幸は信吉へ沼田周辺を恩賞として与えることに賛成ではなく、あとで上野国の協力者に対し「沼田あたりの土地を与えると約束していたのに、信吉に下されてしまったのでやむを得ない。とりあえず他で1人あたり5貫の土地を与えよう」と謝っている。

出先の営業所長としては本社社長の指示に従わなければならなかったのだが、その埋め合わせに自腹で報酬を与えるあたり、「上が決めた事だから」と知らんぷりを決め込まず自腹を切る昌幸は、のちに「表裏比興《ひょうりひきょう》の者」（嘘つきで卑しい男）などと非難される策略家の顔とはまた違う一面を見せてくれている。目下の者が喜んでついて行くような誠意のある人間でないと、策略は成功させられないのだ。

翌天正9年（1581年）になると、昌幸は沼田城を取り戻そうと動く沼田景義という武将を暗殺してしまう。景義の伯父を買収して景義を城に誘《おび》き入れ、刺し殺させてしまったのだ。このときも昌幸はこの伯父へ、勝頼に発行してもらった「1000貫の土地を与える」という証文を渡している。この伯父は年収5400万円と引き換えに甥を殺したことになる。

だが、昌幸は景義謀殺に成功したあと、「あんな信用できない男に1000貫の土地どころか寸土《すんど》もやれるか」と左遷してしまう。自分がそそのかしておいてその言い分は無いのではとも思うが、金のために親族を殺すなら赤の他人の昌幸や武田家など簡単に裏切るだろうと考えるのも無理はない。この伯父は窮迫の末に死んだという。昌幸は沼田城支配を境としてその前に振り出された勝頼の手形は実行し、以後は無効にした事になるが、これは営業所長から支店長クラスに昇進してマネーの決裁権限が大きくなったという事だ。

明くる天正10年（1582年）は激動の年となる。織田信長と徳川家康、北条氏政の侵攻を受けて武田氏は滅亡し、勝頼は天目山の露と消えてしまった。昌幸は織田信長の重臣で関東地方の司令官となった滝川一益の配下となったが、今度は本能寺の変で信長が急死。一益は動揺を見透かすように動き始めた北条氏政との戦いに備え、昌幸にも出陣命令を下した。

この時昌幸は一族の者に「作戦成功のあかつきには御領分の内で1000貫の土地を与える」と書き送っている。「御領分」とは自分の土地ではなく一益の支配地の事だろうから、昌幸は織田家の配下となり、信用力の高い上位の人間を取り次ぐ「窓口係」に過ぎなくなっていた。

この「窓口係」の昌幸が、このあと一益が北条氏に敗れて去ったことで、信濃を狙う徳川・北条・上杉の争い「天正壬午の乱」の中で必死に生き残りをはかることになる。大河ドラマに忍術使いのニヒルな侍として登場した出浦昌相《いでうらまさすけ》へ、この時期に昌幸が送った書状には、「必ずいずれかで適当な所領を与えよう。とりあえず30貫の土地を与える」とある。

武田滅亡によって領地を失い昌幸に仕えるようになった昌相に対し、昌幸が３００万円近い生産高（１８０万円の収入）の土地を与えたのだが、この前後昌幸は家臣や武田旧臣たちに対して次々と所領をあてがい、家中の結束と旧武田領の支配を進めた。独立大名・真田の誕生だ。信濃・上野の２ヵ国で抜くべからざる勢力を築き上げた昌幸に対し、徳川家康も「何とか工夫して真田を味方に」（『三河物語』）と動き、昌幸の協力を得て北条・上杉との信濃争奪戦を制する。

昌幸の真骨頂はここからだった。家康にあいさつした彼は、「上杉に対する防波堤となりましょう。そのためには徳川の大軍も駐屯できるような大きな城が不可欠！」とプレゼンしたのだ。上杉氏は川中島あたりまでを影響下に置いており、昌幸の領地はそれに近い。こうして家康の許可を得て上田城が築かれるのだが、その工事は8月24日に始まって翌年には終わったという。大勢力になったとはいえ、なぜ昌幸にそんな短期間の大工事が可能だったのだろうか？　そこに昌幸ならではのカラクリがあった。

さて、真田といえばその代名詞は六文銭の旗印。正式には六連銭《むつれんせん》と呼ぶそうだが、あの世に行くために乗る三途の川の渡し船の運賃とか、六道（死後に生まれ変わる世界）の番人に1文ずつ払わなければならない通行料とかの意味があるらしい。

この紋は真田家の本家筋にあたる海野氏、さらにその源流の滋野氏以来のものだったというから、その歴史は古い。いつでも死におもむく準備はできているぞ、という覚悟を示して戦場に出るための紋だったのだろう。真田昌幸も、上野国（現在の群馬県）沼田城攻めのときこの旗印を押し立てて先頭を進んだ記録がある。

ところでこの6文というお金、どれほどの価値があったのかというと、昌幸の主君・武田勝頼が滅んだ天正10年（1582年）の相場で米5合が買える。現代なら0・8キログラム、300円前後の計算だ。してみると、ワンコインを旗印にして頑張るワゴンのお弁当屋さんなどはさしずめ大手業者相手に奮闘する〝今真田〟かも知れない。

また、米5合という当時の兵士1人当たりの1日分の兵糧6合に近い。ひょっとすると昌幸は「戦は1日で決着をつけてみせる」という意気込みまでこの旗印で示していたのではないか。なにせ智謀抜群の武将、戦をするときにはすでに勝負はついている、とアピールすれば味方の士気はあがり、敵は戦意を失ったことだろう。

敗者の宿命

上田城が建てられた場所は千曲川の分流・尼ヶ淵が足元を流れる小さい丘の上（現在の長野県上田市二の丸）。その一帯にはいくつもの川や沼があった。城の建設予定地の中心近くには矢出沢《やでさわ》川が流れていたが、昌幸はそれを付け替え、城の北を大回りする形にしてしまう。

そもそも川の改修工事というのは、当時は一国を領する国主クラスの権力と財力が無いと難しい大プロジェクトだ。昌幸の主君だった武田信玄でさえ、御勅使《みだい》川と釜無《かまなし》川の流路を変えるのに何年も費やしている。水量や地形、土質にもよるが大変な工事なのだ。昌幸は、御勅使川と同じく一級河川の矢出沢川付け替え工事を、城そのものの建設も含め長くても一年数ヵ月の間にやりとげてしまった。その経費が莫大な金額にのぼったのは間違いない。

ここで面白い数字がある。大手ゼネコンの大林組がホームページに掲載した〝豊臣秀吉の大坂城を今作ればいくらかかるか〟の試算結果だ。それによると、堀の掘削や地盤整備などに費用は50億円。石垣の工事はその10倍近くかかり、土木工事だけであわせて560億円となっている。天守閣をはじめ建築物は221億円で、トータルは781億円だ。

上田城の場合、石垣や建築物など、大坂城に比べれば知れたものではあるが、面積だけで言うと大坂城の7％。これをもとに乱暴な計算をすれば55億円にも及ぶ。それに矢出沢川の工事まで合わせれば、100億円規模の事業だったとしても不思議ではない。

なぜ当時まだ上田から沼田（現在の群馬県沼田市）にかけての小勢力に過ぎなかった昌幸がそんな金を捻出できたのかというと、実は、他人のふところから持って来たのだ。彼が徳川家康の傘下にはいって越後の上杉景勝対策に上田築城の必要性をプレゼンした件はすでに書いたが、のちの真田藩の史料に「家康から上田の城を給う」とある。

彼は築城許可を得ただけでなく家康から城そのものをいただいていた！　つまり、費用を家康に丸抱えしてもらったのだ。家康は譜代の家臣・大久保忠世を現地におもむかせ、工事に動員した信濃の国衆に「工事で苦労をかけているが、早く竣工するよう一層努力せよ」と訓令までしたという。この突貫工事に、昌幸もみずから鋤鍬《すきくわ》をとって立ち働いたというが、他人のサイフで城が出来上がると思えば力仕事もさぞ楽しかった事だろう。

天正12年（1584年）に城が一応完成すると、河川改修にともない周囲には新田が開発される。川中島方面に通じるバイパス道（松代道）も城下に導かれ、上田は関東・南信濃・越後をリンクさせるハブとなった。農業・商業の両面で栄える拠点が、真田家のものとなったのだ。

天正13年（1585年）、家康は北条氏との間で結ばれた講和の条件となっていた沼田の割譲を、昌幸に要求する。これに対して昌幸は「沼田は自力で切り取った真田の領地。家康にもらったわけではない！」と断固拒否の態度に出た。彼にすれば沼田を失えば関東方面との流通ルートは真田の手を離れ、上田城の価値も半減するといったところだろう。

だが、家康からすれば「代わりの領地はちゃんと与えると言っているではないか。なによりも、莫大な金を投資して築いてやった上田城の値打ちは、沼田と引き換えても余りあるわ」と怒り心頭に発しても無理はない。のちの記録では、沼田領は2万7000石。年間の実収入で6億〜7億円程度に換算できるだろう。だが、築城の費用と城の付加価値を考えれば昌幸の主張はムシが良かったかも知れない。

ただでさえケチで知られる上、完全に面目をつぶされた家康は徹底的な反真田となった。むろん、昌幸はそれ以前から、巧妙にも〝敵〟の上杉景勝に接近しており、満を持して徳川と手切れに及ぶ。

天正13年（1585年）閏8月（陰暦を使っていた当時は閏月があった）、家康が7000人の軍勢を上田城に差し向けると、昌幸は敵を城に引きつけて弓鉄砲を浴びせ、混乱する敵が退却するところを長男の信幸（のちの信之）の伏兵に襲わせ、自分も城から追撃して大損害を与えた。世に知られる「第一次上田城の戦い」だ。

この戦いで痛い目にあった徳川勢は、いったん兵を近くの城に退《ひ》いて上田城をにらんでいたが、そのさなかに昌幸は景勝にこう訴えただろう。「今回は撃退する事ができましたが、家康がみずから大軍を率いて来れば危ない。それに備えるには上田城を強化せねばなりませぬ」。上田城が徳川軍の攻勢にさらされた直後だけに、景勝も昌幸の舌先にまんまとまるめこまれてしまった。

直後の9月、上杉家臣が出した報告書にいわく、「伊勢崎城の御普請は少しも手抜きせず進めております」。伊勢崎とは上田の古い呼び名だが、景勝の命による上杉家のプロジェクトだから〝普請〟に〝御〟がつく。昌幸はスポンサードby徳川の上田城を鮮やかにスポンサードby上杉にしてしまったわけだ。

二大強豪を互いに警戒させて、両者のポケットから金を出させて上田城を築き、強化する。はなれ技というほかは無い。もっとも昌幸はこのとき次男の弁丸を上杉に人質として提出しているのだが、景勝の信用を得て金を引き出す担保にされたこの弁丸こそ、「真田幸村」の名で知られる、のちの信繁だった。


やがて昌幸は豊臣秀吉に接近し、「表裏比興の者」と呼ばれながらも大名としての地位を固めていく。文禄3年（1594年）には伏見城普請工事に従事して1680人の作業員を提供したが、2月からはじまった工事が10月に一段落つくまで昌幸への課役が続いたと仮定すると、その費用は金子615枚、おおよそ1億円余りか。

秀吉が慶長3年（1598年）に亡くなり、慶長5年（1600年）に関ヶ原の戦いが起こると、昌幸は家康打倒に立ち上がった石田三成に味方する。今までの経緯からしても、家康の天下になれば昌幸の居場所は無くなってしまうからだ。

家康の息子の秀忠が率いる軍勢3万8000人が上田城に攻め寄せ、「第二次上田城の戦い」が始まる。昌幸は敵の首1つあたり1000石の恩賞を約束したという。500万円以上とはいえ人ひとりの命には安すぎるが、当時としては破格の額だ。沸き立つ真田兵たちは見事な戦いぶりを見せ、上田城は今回も徳川軍を寄せ付けなかった。しかし、関ヶ原決戦は家康の勝利に終わり、昌幸と信繁は紀伊国（現在の和歌山県及び三重県南部）九度山に配流された。

その後の昌幸は公儀の罪人として不自由な生活を強いられ、「臨時の援助金40両の内、20両を受け取った。多額の借金のやりくりのため、残りも一日も早く送ってくれ」などと正月早々国許に泣きつく事もあった。かつて家康を手玉にとって大金をせしめた男が、晩年の10年余りは数百万円相当の金に汲々とする。戦国の敗者の悲しい宿命である。

スタディ12　ドケチ徳川家康金貸し之事

2016年11月8日、太平洋の向こうの米国では大統領選挙の投開票がおこなわれた。その結果は大方の予想が見事に外れて共和党・トランプ候補が勝利を収めたのは、みなさまご存じの通り。当日、トランプ候補の優勢が伝わると東京株式市場はパニック相場となり、919円と値を消したが、翌日それ以上に戻すというジェットコースターなみの乱高下をみせた。現在でもトランプ大統領が何かツイートするたびに世界経済は右往左往している。

また、黄金（ゴールド）の相場も、先物取引では一気に63・8ドル騰《あ》げた。国際関係や大国の経済政策などに不確定要素が多いとき、黄金は格好の資金の避難先として必ず騰がる。今回もトランプショックがおさまり、逆にアメリカの経済政策に期待が高まった翌日以降は1グラム当たり100円以上、大きく値下がりした。政治や経済の先行きが見通せないとき人々は必ず黄金に資金を逃がし、安心感が出れば黄金から資金を戻す。

この鉄則は、実は戦国の世が江戸時代に移り変わる頃にも生きていた。慶長19年（1614年）の晩秋頃、東北地方で黄金の価格が高騰したのだ。東北地方＝奥州は、源平の時代の金売吉次《かねうりきちじ》や中尊寺の金色堂で知られるとおり、古くから砂金の産地。

戦国時代にも伊達氏が金を朝廷に献上する〝黄金外交〟を展開した。17代目の独眼竜・政宗は会津地方に侵攻し檜原《ひばら》金山や高玉金山を手に入れて全国第2位の産出量を確保、黄金を豊臣秀吉に献上した。黄金がふんだんに採れる奥州でその値が高騰した理由、それは、大坂冬の陣だ。

徳川家康率いる江戸幕府の軍勢が、大坂城の豊臣秀頼を討って戦国時代の総決算をおこなうという大《おお》いくさ。秀吉自慢の巨城に拠り、莫大な金銀を溜め込んでいる豊臣家はそう簡単に負けないだろう、大名の中には秀頼に味方する者も出るのではないか。人々は家康の苦戦を予想し、先行き不透明な情勢を不安材料として黄金を買い求めた。

その結果、「砂金五匁《もんめ》一両に永楽銭五貫五百文より六貫ばかりまで、前代にこれなき高値段に、金高値に成る」（『祐清私記』）と相場が上昇したのだ。

砂金5匁（19グラム弱）を黄金1両とするのは鎌倉時代以来の取り決めで、その黄金1両が銭5500文〜6000文の価格帯になった。サンプルになる黄金相場の史料が乏しいのだが、10年前の慶長9年（1604年）に信濃国上田で金1両が銀48匁だった。これは銭に換算すると4000文（＝4貫）ほどなので、それからほぼ1・5倍に跳ね上がった事になる。

その後、黄金相場はさらに狂騰した。翌元和1年（1615年）になると、1両1万3000文以上。前年比2倍以上、11年前の3倍以上というバブル価格だ。冬の陣の講和後、堀も城壁も失った大坂城では豊臣方に勝ち目はまったく無く、安心感で黄金相場も落ち着きそうなものだが、それでも豊臣方を討ち滅ぼした後の幕府がどのような政策を打ち出すのかが心配で、黄金に人気が集まったのだろう。

前置きが長くなったが、今回の主役はその大坂冬・夏の陣で幕府軍の指揮をとった徳川家康だ。織田信長、豊臣秀吉の後を受けて天下人となった家康。彼がケチだったというのは読者諸賢もよくご存じだろう。なにせ麦飯の粗末な食事で済ませていたというのはもちろん、古びた足袋のほころびを縫って使ったとか、汚れが目立たず長く使い続けられる浅黄色（薄い黄色）の下帯を愛用していたとかいう伝承がいくらでも残っているほどの徹底的節約ぶり。懐紙が1枚、風で飛んでしまっても、慌てて追いかけて拾ったという話も伝わっている。

そのあまりのケチっぷりに、豊臣時代に会津の大大名だった蒲生氏郷《がもううじさと》は「家康殿は天下を取る人物ではない。人に知行を過分に与える大度量を持ち合わせていないからだ」と評した（『老人雑話』）。家臣のサラリーも吝《お》しむ家康には、秀吉のバブル政治に慣れた世間の支持が集まるはずは無い、というわけだ。ところが、結果としてはそんな家康が幕府を開き、250年以上続いた泰平の元を築く。その秘訣は――やはりマネー術にあったらしい。

家康は天文11年（1542年）今の愛知県東部、三河国で生まれ、岡崎城を本拠に勢力を拡げていった。その三河で家康に仕えた松平家忠という人物の日記に、家康のマネー術のヒントがある。天正5年（1577年）の年末、同族の松平清善から借金した家忠は、2日後には徳川家筆頭重臣の酒井忠次への借金の返済にまわしている。

彼は城や砦《とりで》の普請工事のエキスパートで、あちこちの現場で働いたのだが、合戦とともにそれらの仕事でも持ち出しが多く、自転車操業をしていた。それが翌年の末には家康から米100俵のボーナスがあると知り、翌日酒井忠次からの借金を返済している。

その後は家康から米や銭を借りたり貰ったりの記録が続く。最初は同僚から借金していた家忠が、家康から直接借金・借米するようになっていくのだ。ちなみに、米100俵のボーナスというのは金5両＝現在の価値で100万円以上。サラリーマンなら課長クラスというところか。

実は、この間に徳川家にとって重大な事件が起こっている。天正7年（1579年）に家康の嫡男で岡崎城主だった信康が、織田信長に対する謀反の疑いをうけて自害させられているのだ。家康は占領地の遠江（現在の静岡県西部）浜松城に本拠を移していたのだが、以後三河の家臣たちを直接管理できるように努めた結果が、この金貸し政策だった。家臣に金を貸したり与えたりして実利と恩の両面でがんじがらめにし、支配を強化しようとしたわけだ。

このやり方で成功を収めた家康、豊臣政権の外様大名ナンバーワンの地位を獲得すると、次に発生した大事件でもまたまたこの得意のルーチンを発動させる。それが文禄4年（1595年）の豊臣秀次粛清事件だった。秀吉から謀反の疑いを受けた関白・秀次（秀吉の甥で養子）が切腹させられると、その余波は大名たちにも及んだ。自害や追放など、多くがその被害にあっている。その騒ぎの中で、丹後（現在の京都府北部）12万石の大名・細川忠興の重臣・松井康之が家康の屋敷を訪れた。

「我が主君は、秀次さまに黄金100枚を借りておりました。この借金を清算しなければ、秀次さまの与党とみなされて切腹させられます。なにとぞお助け下されませ」

懇願する康之に対し、家康は家来に命じて蔵から黄金200枚が入った箱を持って来させ、そこから100枚を渡した。

「こういう時のための金じゃ。返済は無用であるぞ」

康之が箱の記録を見ると、20年以上前に蔵に保管された金だったという。黄金100枚は

2億円を超えようかという大金だ。この結果、忠興は慶長5年（1600年）の関ヶ原の戦いで家康方となり、先陣を切って戦い徳川の天下を決定づける。彼は家康からの大恩に報いたというだけでなく、20年以上前から膨大な金を貯めこんでおり、それをポンと他人に与える事ができる家康の資金力を見て、安心して働けたのだろう。もっとも、ケチで知られる家康としては思い切った投資をしたものだ。

〝家康が天下を取ったのは関ヶ原にあらず、小牧長久手にあり〟などと秀吉との局地戦に勝利した事をことさらにとりあげる評言もあるが、実はこの時家康が清水の舞台から飛び降りるつもりで出した黄金100枚こそが天下取りのタネになったのかも知れない。

先述の大坂冬・夏の陣でも家康は土佐の山内忠義に銀200貫、肥前の鍋島勝茂に銀633匁、伊達政宗に銀100貫を貸し付けた。ここでも彼は部下に金を貸す事で恩を着せ、逆らえなくしているわけだ。まさに家康流・部下コントロールのマネー術である。

そんな家康の身辺に侍《はべ》るわけだから、彼の側室たちも金貸しの道には自然と長《た》けてくる。慶長15年（1610年）には権勢ナンバーワン側室・阿茶局の貯めこんでいた金銀が火事で焼けるという悲劇もあり、その4年後の冬の陣の年の春には彼女たちと旗本の池田光重との間で、金を返した返さないの訴訟沙汰が起きている。

家康の側室たちは巫女を代理人とし、これに金を預けて人々に金を貸し付けて、もうけていたらしい。ちなみにこの事件の金額は銭1000貫だった。9000万円ほどにものぼるお金が帰って来ないとなれば、それは裁判にも訴えますよね。女性たちはどこまでもたくましいのだ。

絶対に儲かる先物取引

家臣や大名たちをマネーで引きつけ、がんじがらめにしていった徳川家康の手腕については前述した。相当資金に余裕がなければなかなか難しいやり方だが、家康は金持ちだったから問題ない。なにせ、彼は「金のなる木」の作者だといわれるほどなのだから。この「金のなる木」」、ご存じの方も多いだろうが、江戸時代後期には引き札（現在でいうチラシ）のモチーフとして流行《はや》っている。

これは家康が「よろずほどよ木（よろず程良き）」「しょうじ木（正直）」「じひぶか木（慈悲深き）」と上下につらなる太い幹を描き、これに当時随一の文化人大名・細川幽斎が細かく「あさお木（朝起き）」「いさぎよ木（潔き）」「しんぼうつよ木（辛抱強き）」「ゆだんな木（油断無き）」「かせ木（稼ぎ）」「ついえのな木（費え無き＝倹約）」「ようじょうよ木（養生良き＝健康維持）」「かないむつまじ木（家内睦まじき＝家庭平和）」と枝を描き足した、という伝承が元となっている。

いわばビジネスで成功し幸福な人生を送るための教えなのだが、それが招運来福のまじないのようにチラシに摺《す》られて江戸庶民に喜ばれた。

「金持ちになる」あるいは「ビジネスでの成功」といえば、本誌の読者の中にはロバート・キヨサキ氏の『金持ち父さん　貧乏父さん』（筑摩書房）を連想する方が多いかもしれない。この中でキヨサキ氏が主張する「欲しいものを買いたいのにお金が無いとき、買う金が無いと断定しあきらめるのではなく、どうしたらそのお金を作り出せるかを考えろ」という考え方を、実は家康が実践していたと言ったらどうだろう。


家康は「なにごとも思案工夫させよ。頭ごなしに否定しては駄目になる。主君は大まかな指示をすればよい」という教訓を残しており、「徳川四天王」のひとりとして有名な猛将・本多忠勝も「殿は若い頃からいつもはっきりとした事はおっしゃらなかったが、これは家臣たちによく考えさせ検討させるためだった」と証言している。

家康の侍医だった板坂卜斎さえ「家康様の政治は大ざっぱで、こせこせと細かく指示される事はなかった」と述懐しているぐらいだから、信用できるだろう。徳川家は家康が大まかな目標を示し、家臣たちが「それを実現するには自分はどうすればよいか」を必死で工夫し知恵をはたらかせる事で豊かになり、大きくなっていったのだ。自己管理の目標制度の早い成功例というべきか。

徳川家の成長曲線は、天正10年（1582年）に織田信長が武田勝頼を滅ぼした際に駿河国（現在の静岡県中・北東部）を与えられた事で上昇カーブに乗った。安倍金山が徳川家の支配下に入ったが、これはまだ序の口だ。

直後に本能寺の変で信長が死ぬと、家康は甲斐（現在の山梨県）一国と信濃国（現在の長野県の大部分）の大半を併合。このとき、甲斐で武田家の遺した甲州金をかき集めて重さ1匁の小判（松木判）を30万両に改鋳させたという。1匁＝3・75グラムの松木判は通常の小判の4分の1弱の重さだから、30万両分の値打ちはおおよそ200億円以上となるだろう。これが徳川家の財政を大いに潤した。

天正18年（1590年）、豊臣秀吉によって、関東250万石に領地を替えられた家康は、有力家臣たちを各地に封じて城持ち大名にさせるのだが、それが他の大名に比べると彼らしくシブい。枯れて苦みばしって格好良いわけではなく、ただケチの渋ちんなのだ。

何せ井伊直政に12万石が最高で、本多忠勝・榊原康政でさえ10万石という具合。蒲生氏郷が「ケチの家康に天下は取れぬ」と評したと紹介したが、それはこの時のことだ。これにはさすがの忠臣たちも不平たらたらだったようだが、このおかげで徳川家は大幅な内部留保を確保し、いざというとき自由に使える資金を用意する事ができた。

そのうえ、武田家の猿楽者の出という大久保長安を代官に起用して直轄領100万石の開発を進めさせる。家康は治水、金山経営、事務処理のエキスパート・長安に目標を与え、工夫させたという訳だ。

こうしていよいよ財政を安定させると、家康は慶長5年（1600年）の関ヶ原合戦に打って出る。この戦いについては尾張（現在の愛知県西部）清洲24万石の大名・福島正則が「死ぬか大大名になるか」と宣言して家康方に120億円ほどを張ったが、同じように肥後半国25万石の領主・小西行長もまた、秀吉の朝鮮出兵で全財産を使い果たし「銀子一貫目（350万～500万円ほど）も貯まり申さず」と笑われるほどの苦しさのなかで、一発逆転を賭けて家康の敵・石田三成に賭けた。関ヶ原合戦は敵味方みなのるかそるかの大勝負だったのだ。

家康も、この戦いの大切さは彼ら以上によく分かっている。「今まで築き上げてきたものを失うわけにはいかぬ。何が何でも勝たねば！」。

家康は自分とともに伏見に詰めている家来たちに扶持《ふち》を多く与えて忠誠心を高めておいたうえで、薩摩（現在の鹿児島県）の島津義弘が金子700枚の借金を抱えていると聞き、肩代わりしてやった。現代の価値で言えば14億〜21億円。それだけの金額をポンと出してでも、彼はひとりでも多くの味方を確保したかった（もっともこのお金は、関ヶ原にいたる前、上杉征伐に向かう家康に豊臣秀頼から餞別として贈られた小判2万両・米2万石にくらべれば微々たるものなのだが）。

9月15日、家康は首尾よく石田三成以下の西軍主力を関ヶ原で撃破。ちなみに、敗走した小西行長は捕らえられたが、その賞金は黄金10枚。500万円しか貯蓄残高が無かった行長としては、自分の首が3000万円の価値と知って苦笑いするしかなかっただろう。

戦後、家康は天下の政権を握って豊臣家の領地を220万石から65万石へと大削減する一方で自分の領地は400万石に飛躍させた。豊臣家のダウン分をまるまる徳川家に上乗せした格好だ。これでもうお金の心配は無い、とばかりに贅沢な生活を送る事は、家康に限っては無かった。それどころか、彼の金儲けぶりはここから本領を発揮するのだ！

慶長10年（1605年）、息子の秀忠に征夷大将軍の職を譲った家康は大御所となる。ここで家康が実行したマネー術がふるっているので、紹介しておこう。翌年彼は江戸城の石垣工事に従事するよう諸大名に号令をかける（これを〝天下普請〟と呼ぶ）のだが、実は彼、前々から伊豆で大石・小石を買いあさっていたのである。大石はもちろん石垣そのものに使用され、小石は「ぐり石」「栗石」「ごろた石」と呼ばれる石垣の裏込めに用いられる。

工事のために集まって来た大名たちは幕府から「大石ひとつ白銀20枚、小石はひと坪（3・3平方メートル）の箱1個につき小判3両」で買い取らされたのだ。大石ひとつ300万～400万円、小石ひと箱の価値も1万円！　家康の史料『当代記』には、前年は安かった石の値段が騰がった、とあるが、石垣工事という特需なのだから当たり前だ。

家康にしてみれば、たんまりと石を買い占め終えたタイミングで石垣工事を発令したのだから、儲からないわけが無い。自分で先物取引をしておいて自分でその需要を作り出した訳だ。家康はこのとき初めて天下人の旨みを味わい、ニンマリしたのではないだろうか。

その翌年、彼は隠居城として用意させた駿河の駿府城へ移る。幕府の金山奉行となり、各地の金銀山の大増産を成功させていた大久保長安も、この駿府城の天守を造る費用として30万両を献上したといい、城は外国人からも「筆舌に尽くしがたいほど豪華」と驚嘆された。

金ピカのしゃちほこと白塗りの壁があまりに輝くので、魚が恐れて駿河湾の漁はひどい不振におちいってしまったなどという話まである。スペインの商人アビラ・ヒロンの『日本王国記』によれば、引っ越しに際して徳川家の京における拠点となっていた伏見城から大量の金銀が移されたが、その重みで駿府城の金蔵の床が抜けたという。駿府城は家康のマネー術によって文字通り内も外も「金の城」になったのだ。

その後も家康の〝天下人商売〟は続き、米の値段が騰がったと聞けば城の米蔵を開いて兵糧米を売り、下がったと聞けば買い集めた。家臣から「なぜその様に金儲けなされます」と尋ねられると、「世間で金銀の流通が多ければ物価が騰がる。わしはそれを抑えるため金銀を集めているのだ」と答えた。デフレターゲット政策ということになるが、まぁ、根本的にお金が好きだったんでしょう。

参考文献一覧

『増訂　織田信長文書の研究』（奥野高広　吉川弘文館）
『読史備要』（東京大学史料編纂所編　講談社）
『信長公記』（奥野高広・岩沢愿彦校注　角川ソフィア文庫）
『群書類従　合戦部』（続群書類従完成会）
『イエズス会日本年報』（雄松堂出版）『滋賀県の地名』（平凡社）
『日本史』（ルイス・フロイス　中央公論社）『大日本史料』（東京大学史料編纂所編　東京大学出版会）
『定本　名将言行録』（岡谷繁実　人物往来社）『明智軍記』（新人物往来社）
『綿考輯録』（汲古書院）『商売うらおもて』（大阪朝日新聞経済部編　日本評論社）
『続々群書類従』（国書刊行会）『明智光秀』（高柳光寿　吉川弘文館）
『史料で読む戦国史3　明智光秀』（藤田達生・福島克彦編　八木書店）
『歴史REALvol．39　天下人の城』（洋泉社MOOK）『兼見卿記』（続群書類従完成会）
『新編日本史辞典』（京大日本史辞典編纂会編　東京創元社）
『耶蘇会士日本通信』（駿南社）

『甲斐叢書第10巻　甲斐国志　上』（第一書房）『改訂　甲陽軍鑑』
『戦国史料叢書12　上杉史料集上・中　北越軍談』『武田史料集』（いずれも新人物往来社）
『中世法制史料集第三巻　武家家法Ⅰ』（岩波書店）『常山紀談』（岩波文庫）
『上杉家御年譜』（米沢温古会）『加賀藩史料』（前田育徳会）『新潟県の歴史』（山川出版社）
『言継卿記』（続群書類従完成会）『大日本古文書　家わけ　上杉家文書、毛利家文書、伊達家文書』
（東京大学史料編纂所編）
『大日本租税志』（思文閣）『雑兵たちの戦場』（藤木久志　朝日新聞社）
『歴代古案』（続群書類従完成会）『毛利元就』（及川儀右衛門　マツノ書店）
『戦国大名論集6　中国大名の研究』（吉川弘文館）『萩藩閥閲録』（山口県文書館編）
『日本の中世3　異郷を結ぶ商人と職人』（笹本正治　中央公論新社）
『豊臣秀吉文書集一』（名古屋市博物館編　吉川弘文館）
『日本戦史　中国役』（日本陸軍参謀本部編　村田書店）『太閤記』（岩波文庫）
『豊臣秀吉公治世諸侯分限帳・太閤素生記』（国文学研究資料館電子資料館アーカイブス）
『太閤史料集』（人物往来社）『秀吉からのたより』（たつの市立龍野歴史文化資料館）
『仙台市史資料編10　伊達政宗文書1』『仙台市史　通史編』（いずれも仙台市）

『伊達治家記録』（宝文堂）
『日本史資料総覧』（東京書籍）『人物叢書　石田三成』（今井林太郎　吉川弘文館）
『豊臣政権の対外侵略と太閤検地』（中野等　校倉書房）
「加藤清正」（渡辺誠『歴史群像シリーズ35　文禄・慶長の役』学研）
『日本災異志』（小鹿島果編　思文閣）『甲子夜話』（平凡社　東洋文庫）
『歴史群像シリーズ戦国セレクション　奮闘　前田利家』（学研）
『改定史籍集覧　第十三冊　別記類　第二』（臨川書店）『武家名目抄』（明治図書出版）
『本願寺秘史』（上原芳太郎編　有光社）
『史料纂集　古記録編　妙法院日次記』（妙法院史研究会校訂　八木書店）
『群馬県史料集』（群馬県文化事業振興会）
『真田史料集』（新人物往来社）『論集戦国大名と国衆13　信濃真田氏』（丸島和洋編　岩田書院）
『上田市史』（信濃毎日新聞社）『季刊大林』（大林組CSR室）
『大坂の陣　証言・史上最大の攻防戦』（二木謙一　中公新書）
『増補続史料大成19　家忠日記』（竹内理三編　臨川書店）
『松平家忠日記』（盛本昌広　角川選書）『松永道斎聞書』（久能山東照宮社務所）

『近世日本国民史　徳川家康一〜三』（徳富蘇峰　講談社学術文庫）
『史籍雑纂　当代記・駿府記』（続群書類従完成会）

橋場日月

1962年大阪府生まれ。関西大学経済学部卒。独自の視点で史料を渉猟し、新解釈を導き出す個性的で精緻な語り口を身上とする、今最も期待される歴史家の一人である。月刊誌『Wedge』に「戦国武将のマネー術」を好評連載中。近著に『明智光秀　残虐と謀略──一級史料で読み解く』(祥伝社新書)がある。

講談社＋α新書　809-1 C

戦国武将《せんごくぶしょう》に学《まな》ぶ「必勝《ひっしょう》マネー術《じゅつ》」

橋場日月《はしばあきら》

2019年5月20日第1刷発行

発行者──渡瀬昌彦

発行所──株式会社 講談社

東京都文京区音羽2-12-21 〒112-8001

電話 編集(03)5395-3522

販売(03)5395-4415

業務(03)5395-3615

イラスト──井筒啓之

デザイン──鈴木成一デザイン室

カバー印刷──共同印刷株式会社

印刷──豊国印刷株式会社

製本──株式会社国宝社

本文データ制作──講談社デジタル製作

定価はカバーに表示してあります。

落丁本・乱丁本は購入書店名を明記のうえ、小社業務あてにお送りください。

送料は小社負担にてお取り替えします。

なお、この本の内容についてのお問い合わせは第一事業局企画部「＋α新書」あてにお願いいたします。

Printed in Japan

ISBN978-4-06-515350-5

講談社＋α新書

NYとワシントンのアメリカ人がクスリと笑う日本人の洋服と仕草
安積陽子
マティス国防長官と会談した安倍総理のスーツの足元はローファー…日本人の変な洋装を正す
860円 785-1 D

医者には絶対書けない幸せな死に方
たくきよしみつ
「看取り医」の選び方、「死に場所」の見つけ方。お金の問題……。後悔しないためのヒント
840円 786-1 B

もう初対面でも会話に困らない！ 口ベタのための「話し方」「聞き方」
佐野剛平
『ラジオ深夜便』の名インタビュアーが教える、自分も相手も「心地よい」会話のヒント
800円 787-1 A

人は死ぬまで結婚できる 晩婚時代の幸せのつかみ方
大宮冬洋
80人以上の「晩婚さん」夫婦の取材から見えてきた、幸せ、課題、婚活ノウハウを伝える
840円 788-1 A

サラリーマンは300万円で小さな会社を買いなさい 人生100年時代の個人M&A入門
三戸政和
脱サラ・定年で飲食業や起業に手を出すと地獄が待っている。個人M&Aで資本家になろう！
840円 789-1 C

サラリーマンは300万円で小さな会社を買いなさい 会計編
三戸政和
サラリーマンは会社を買って「奴隷」から「資本家」へ。決定版バイブル第2弾、「会計」編！
860円 789-2 C

名古屋円頓寺《えんどうじ》商店街の奇跡
山口あゆみ
「野良猫さえ歩いていない」シャッター通りに人波が押し寄せた！ 空き店舗再生の逆転劇！
800円 790-1 C

少子高齢化でも **シンガポールで見た** 老後不安ゼロ **日本の未来理想図**
花輪陽子
日本を救う小国の知恵。1億総活躍社会、経済成長率3・5%、賢い国家戦略から学ぶこと
860円 791-1 C

マツダがBMWを超える日 クールジャパンからプレミアムジャパン・ブランド戦略へ
山崎明
日本企業は薄利多売の固定観念を捨てなさい。新プレミアム戦略で日本企業は必ず復活する！
880円 792-1 C

知っている人だけが勝つ **仮想通貨の新ルール**
小島寛明＋ビジネスインサイダージャパン取材班
仮想通貨は日本経済復活の最後のチャンスだ。この大きな波に乗り遅れてはいけない
840円 793-1 C

夫婦という他人
下重暁子
67万部突破『家族という病』、27万部突破『極上の孤独』に続く、人の世の根源を問う問題作
780円 794-1 A

表示価格はすべて本体価格（税別）です。本体価格は変更することがあります